RELIGION DE L'HUMANITÉ

Ordre et Progrès

Vivre pour autrui — Vivre au grand jour

LA

DICTATURE RÉPUBLICAINE

D'APRÈS AUGUSTE COMTE

PAR

Jorge LAGARRIGUE

APÔTRE DE L'HUMANITÉ

L'Amour pour principe,
Et l'Ordre pour base;
Le Progrès pour but.

DISTRIBUTION GRATUITE

PARIS

Apostolat positiviste

63, RUE CLAUDE-BERNARD

1888

Centième année de la Grande Crise.

RELIGION DE L'HUMANITÉ

Ordre et Progrès

Vivre pour autrui — Vivre au grand jour

LA

DICTATURE RÉPUBLICAINE

D'APRÈS AUGUSTE COMTE

PAR

Jorge LAGARRIGUE

APÔTRE DE L'HUMANITÉ

L'Amour pour principe,
Et l'Ordre pour base;
Le Progrès pour but.

DISTRIBUTION GRATUITE

PARIS
Apostolat positiviste
63, RUE CLAUDE-BERNARD

1888
Centième année de la Grande Crise.

A M. LE GÉNÉRAL BOULANGER

La Vérité a besoin de la France.
DE MAISTRE.

MONSIEUR LE GÉNÉRAL,

La France a une mission unique dans le monde. Elle est chargée de résoudre, pour l'ensemble de notre espèce, le grand problème social, commun à tous les peuples, de l'incorporation du prolétariat à la société moderne. C'est à elle qu'appartient l'honneur d'instituer et d'organiser, avant toutes les autres nations, le régime pacifique et industriel propre à la vie finale de l'Humanité. C'est elle la première qui doit adopter, pour la répandre ensuite jusqu'aux extrémités de la Terre, la sublime doctrine qui fera une seule famille de tout le genre humain.

La France est la maîtresse des nations, par ses mœurs, par ses croyances, par sa langue. Ce qu'elle croira, ce qu'elle accomplira de grand dans l'ordre moral ou social, finira toujours par dominer dans le monde. La religion qu'elle embrassera est nécessairement destinée à devenir la religion universelle. Le bonheur et la grandeur de la France renferment le bonheur et la grandeur de l'Humanité tout entière.

Tous les peuples, quoique beaucoup d'entre eux ne sachent ni ne puissent le reconnaître encore, sont donc intéressés à ce que la France soit mise en aptitude de remplir la glorieuse fonction qui lui est si visiblement assignée par son incomparable passé. Et comme il faut pour cela, avant tout, que son ordre intérieur acquière une stabilité inébranlable, voilà pourquoi les esprits soucieux de l'avenir, à quelque pays qu'ils appartiennent, montrent un intérêt si profond à son mouvement politique. Voilà pourquoi, tout en étant étranger, je me crois dans le devoir d'intervenir moralement dans le grand débat actuel d'où dépendent les destinées de la France. Comme vous, monsieur le Général, et en répétant vos propres paroles, JE SUIS DE CEUX QUI VEULENT UNE FRANCE GRANDE, FORTE, VÉNÉRÉE, MARCHANT A LA TÊTE DE L'HUMANITÉ. Ma qualité d'étranger, m'interdisant toute fonction politique, doit même être un gage, pour le public, de la sincérité et de la pureté de mes convictions et de mes conseils.

Quelle que soit l'issue immédiate de la lutte maintenant engagée entre un parlementarisme anarchique et les hommes d'État qui aspirent à fonder un vrai gouvernement républicain, tout annonce que la victoire définitive restera à ces derniers, car ils représentent les besoins essentiels de la situation française. Et à vous, monsieur le Général, reviendra toujours la gloire d'avoir donné une vigoureuse impulsion à ce mouvement capital dans l'histoire de votre pays et dans l'évolution du parti républicain, auquel nous assistons de nos jours : des partisans sincères de la République attaquant enfin de front l'absurde régime parlementaire et cherchant déjà en dehors de lui la forme qui convient le mieux au gouvernement de la France républicaine. La masse même de la nation, dans son bon sens naturel, a compris l'importance de ce mouvement décisif, et tend à se rallier autour de vous afin de vous aider à la délivrer d'un régime profondément opposé à la République, et à établir enfin une autorité capable d'assurer l'ordre et le progrès dans votre noble Patrie.

Simple apôtre de la religion de l'Humanité, je viens contribuer, par mon influence spirituelle, à cette heureuse transformation des opinions politiques, et apporter une pierre à cette glorieuse construction de la politique républicaine. C'est le fondateur de la Sociologie et de la Religion finale, Auguste Comte, le premier républicain qui a mis en pleine évidence l'absurdité et l'immoralité du régime parlementaire. C'est lui aussi le premier qui, avec les lumières de la science sociale, a établi, d'une manière incontestable, la meilleure forme de gouvernement appropriée à la situation actuelle de la France. Son disciple fidèle, je viens seulement rappeler ici ses immortels enseignements à ce double sujet.

Ils se résument dans la concentration qu'il faut faire de tout le pouvoir politique entre les mains d'un seul homme d'État, directement responsable devant le pays et dépourvu du droit d'hérédité, et dans l'établissement connexe d'une pleine liberté spirituelle. Tels sont les caractères fondamentaux de la dictature républicaine conseillée par Auguste Comte, et qui n'a aucune solidarité ni avec la dictature monarchique ou impériale, ni avec une tyrannie quelconque.

Ceux qui veulent continuer à exploiter l'état actuel des choses, favorable à leurs intérêts et à leurs ambitions, ou ceux qui restent encore sous le joug de la vieille métaphysique révolutionnaire, s'efforcent de montrer la dictature comme étant la mort de la République. Avec ce mot de dictature, que seul un ridicule préjugé rend redoutable, ils s'efforcent de vous enlever les sympathies et l'appui que le bon sens de la population française tend à vous accorder de plus en plus. Je regrette de voir parmi eux un homme d'État, qui, comme M. Clémenceau, a eu l'occasion de connaître les véritables doctrines politiques du Positivisme.

Eh bien ! en face de semblables sophismes et intrigues qui peuvent aveugler quelques républicains naïfs et arriérés, il faut soutenir ouvertement ce qu'a démontré, il y a presque un demi-siècle, le plus grand génie de la France et de l'Humanité : que le régime parlementaire, funeste importation d'un système politique propre à la civilisation anglaise, est radicalement incompatible avec l'ordre et le progrès de la sociabilité française, et qu'au contraire, la dictature, dont on veut faire peur à la population, est la seule voie de salut de la République, sa vie, sa force et sa grandeur. C'est de quoi il ne restera le moindre doute à tout lecteur intelligent et loyal de mon opuscule sur la dictature républicaine.

Les conditions nécessaires à la fondation de cette dictature, à sa stabilité et à sa durée, ont été admirablement indiquées par Auguste Comte. Il ne manque maintenant que l'éminent homme d'État capable de les accomplir, en s'inspirant toujours des lumineux enseignements du Fondateur du Positivisme. La France attend depuis longtemps et réclame de plus en plus ce chef incomparable qui lui permettra de marcher vers son glorieux avenir, en conciliant, comme le grand Frédéric, l'autorité avec la liberté.

Il m'est permis d'espérer, monsieur le Général, d'après ce que vous avez fait jusqu'ici, que vous serez cet homme si nécessaire au salut de la France et de l'Humanité, le Constantin de notre époque. Il m'est doux et consolant de croire que vous resterez toujours à la hauteur de votre grande et difficile mission. Puisse aussi tout le parti républicain, de mieux en mieux éclairé, ainsi que la France entière, se rallier finalement à vous.

Tels sont les vœux que forme un vrai républicain, un ami de la France et humble serviteur de l'Humanité.

Salut et Fraternité,

JORGE LAGARRIGUE,
APÔTRE DE L'HUMANITÉ,
(63, rue Claude-Bernard).
Né à Valparaiso, le 21 septembre 1854.

Paris, le samedi 14 Saint-Paul 100
(le 2 juin 1888).

LA
DICTATURE RÉPUBLICAINE
SA NÉCESSITÉ ET SES CONDITIONS

> « Afin d'instituer la transition destinée à terminer la révolution commencée à la fin du moyen âge, il suffit de concilier irrévocablement la dictature et la liberté, suivant le vœu systématique de Hobbes, spontanément réalisé par Frédéric. »
>
> Auguste Comte.

Il y a quarante ans que le Fondateur du Positivisme, avec les lumières de la science sociale que son génie venait de créer, établissait d'une manière admirable la nature et la marche qui conviennent au gouvernement de la République française. Ayant scientifiquement déduit l'Avenir, d'après une saine explication du Passé, il se rendit nécessairement apte à conseiller le Présent. Celui-ci, en effet, se trouvant inévitablement placé sous le poids des antécédents historiques, ce n'est qu'en s'appuyant sur eux qu'il peut et qu'il doit engendrer l'Avenir. Le point de départ et le point d'arrivée étant parfaitement connus et éclairés, le chemin intermédiaire à suivre reste, pour ainsi dire, déterminé d'avance. C'est sur cette double base, aussi solide qu'indispensable, qu'Auguste Comte fit reposer sa merveilleuse construction de la politique propre à la transition actuelle. Tout nous démontré que, si les hommes d'État avaient su s'inspirer alors des conseils du plus grand des philosophes, la France aurait évité les malheurs et les crises douloureuses qu'elle a traversées depuis, et qu'elle jouirait à présent d'un pouvoir politique stable et puissant, capable d'assurer l'ordre et le progrès.

Ces conseils, loin d'avoir perdu leur opportunité avec le temps, sont devenus au contraire, à l'heure actuelle, plus nécessaires et plus facilement applicables que jamais. Car, non seulement la situation reste essentiellement la même, placés que nous sommes encore au seuil de ce glorieux Avenir que nos efforts doivent engendrer, mais, d'une part, le malaise et les dangers sociaux résultés du manque de stabilité gouvernementale se sont accrus considérablement, et, d'une autre part, l'opinion publique, par son évolution spontanée, se trouve mieux préparée à accepter les solutions politiques que la science sociale conseille au nom de l'Humanité. La fondation d'une dictature républicaine, conservatrice et progressive à la fois, telle que l'a décrite notre incomparable Maître, peut seule sauver la France des douloureuses et sanglantes crises qui la menacent encore, et la conduire pacifiquement vers sa réorganisation sociale définitive. D'ailleurs l'opinion publique commence à sentir vivement, après une longue et pénible expérience, ce que le Positivisme a démontré depuis plus d'un demi-siècle : l'incompatibilité radicale du régime parlementaire avec la marche progressive de la sociabilité française. Des manifestations décisives font voir même que la nation aspire de plus en plus, quoique confusément, vers une République dictatoriale, vers un gouvernement fort et stable qui sache concilier les besoins de la paix sociale avec ceux de la liberté, l'ordre avec le progrès. Cette marche spontanée du public vers les solutions systématiques du Positivisme est une éclatante confirmation, visible aux yeux des plus aveugles, de leur sagesse, de leur opportunité, et de la solidité de leurs fondements.

Mais, comme nous l'avons dit, ces aspirations empiriques restent encore trop confuses et indéterminées, et exposées, par conséquent, à toutes les erreurs et à toutes les déviations où peuvent les entraîner les sophismes et les préjugés de notre temps. Tout nous indique donc que le moment est déjà venu d'éclairer encore une fois les hommes d'État et l'opinion publique sur les conditions fondamentales du gouvernement en France. Il importe aussi de les débarrasser tous deux des absurdes et funestes préjugés de la métaphysique révolutionnaire qui s'opposent à la formation de toute grande force sociale et, par conséquent, de tout vrai pouvoir politique. Le devoir de répandre les vives lumières de la *Politique Positive* incombe surtout aux vrais disciples d'Auguste Comte, aux véritables apôtres de l'Humanité, à ceux qui, étrangers à tout pouvoir temporel, sont seuls aptes à conseiller les gouvernants et les gouvernés avec une entière impartialité et dans le seul intérêt du bien général (1).

Sans les grands enseignements du Positivisme sur l'évolution sociale, l'homme d'État le plus éminent, fût-il même un César ou un Frédéric, ne saurait dignement remplir sa mission au milieu de la situation actuelle, la plus difficile qui se soit présentée jusqu'ici dans la marche des destinées humaines. Et justement l'homme d'État à qui doit appartenir l'incomparable gloire de terminer la grande crise que traverse la France depuis 89

(1) C'est un précepte formel, même pour tous les positivistes, de ne pas accepter aucune fonction politique pendant la première partie de la transition organique qui doit nous conduire à la régénération sociale.

sera celui qui, comprenant la haute portée des conseils politiques du Positivisme, voudra bien s'en inspirer dans sa conduite. C'est à lui principalement que s'adressent les considérations que je vais faire, d'après les enseignements d'Auguste Comte, sur les caractères essentiels que doit revêtir le seul gouvernement possible et convenable à la France républicaine. Mais, en même temps, elles serviront à éclairer et guider l'opinion publique, qui constitue le seul piédestal et la seule défense de l'homme d'État républicain.

I

Caractère nécessairement transitoire du gouvernement actuel.

Il faut, avant tout, reconnaître qu'il ne peut pas être question, de nos jours, comme le rêve la métaphysique, de donner à la France une Constitution politique définitive et immuable. Toute tentative de ce genre, comme nous l'a appris l'expérience, est fatalement destinée à avorter, se trouvant en entière contradiction avec l'état social de notre temps. Les efforts des hommes d'État doivent se limiter à instituer un gouvernement purement *provisoire*, en harmonie avec l'époque de transition que nous traversons.

Cette condition est extrêmement capitale. Bien comprise, elle renferme tous les autres caractères indispensables au pouvoir politique propre à la situation française. C'est pourquoi je dois appeler sur elle l'attention spéciale des hommes d'État, en leur exposant les motifs sociaux qui l'imposent irrévocablement.

Personne ne peut méconnaître, même sans une théorie historique, l'état de profonde anarchie mentale et morale où se trouve plongée la société actuelle. Nous sommes dans une époque de négation, de doute, de discussion, de recherche. Toutes les anciennes bases intellectuelles et morales, sur lesquelles reposaient les rapports des hommes entre eux, ont été renversées. Plusieurs doctrines se disputent l'empire des intelligences et des cœurs, mais aucune n'a acquis encore assez d'ascendant pour établir une communauté d'opinion capable de prescrire avec efficacité, à tous les membres de la société, leurs devoirs réciproques.

La philosophie de l'histoire, fondée par Auguste Comte, fait voir que cet état d'anarchie mentale et morale est résulté de la décadence inévitable, d'abord spontanée, puis systématique, du dernier régime organique qui ait présidé aux destinées de l'Humanité : le système catholico-féodal. La féodalité, après avoir accompli, avec les croisades, son dernier grand service historique, tendit à se dissoudre et laissa échapper peu à peu toute direction dans les affaires politiques et sociales. De même, à partir du XIVe siècle, le catholicisme, qui avait tant secondé tous les grands progrès effectués au moyen âge, commença à perdre toute initiative sociale et se trouva bientôt subordonné aux puissances politiques et préoccupé presque exclusivement de défendre sa propre existence. Sa foi et son culte ne conservèrent qu'un semblant de vie, et ne subsistent aujourd'hui que pour indiquer le besoin fondamental d'une religion dans toute société réellement organisée.

Il est vrai que, pendant cette décomposition graduelle et continue de l'ancien régime, les éléments de la sociabilité finale, l'esprit positif et l'activité industrielle, se développaient de plus en plus. Mais ce mouvement de recomposition, qui accompagnait celui de déchéance, était bien en retard comparé à celui-ci, et, surtout, il possédait un caractère de spécialité et d'isolement qui le rendait incapable de vues générales propres à guider l'évolution sociale. Voilà comment il se fait que l'antique organisation se trouva entièrement dissoute bien avant qu'ait pu surgir cette doctrine générale, sociale et religieuse, destinée à constituer le régime définitif de notre espèce.

De cette absence d'une doctrine organique propre à la sociabilité finale, il résulta que, lorsque la secousse initiale de 89 eut manifesté l'entière déchéance de l'ancien régime et le besoin d'une reconstruction sociale, on se servit nécessairement, dans ce dernier but, des mêmes principes qui avaient servi à la destruction : ceux de la métaphysique révolutionnaire, qui n'étaient que de simples principes de négation de tout gouvernement et de toute organisation sociale. Mis à l'épreuve de l'expérience, de tels principes souffrirent naturellement un immense échec, ce qui amena la rétrogradation vers l'ancien régime, qui suivit de près la grande Révolution. Dès lors, la société s'est trouvée partagée, et, tour à tour, dominée par les principes opposés de l'esprit révolutionnaire, impuissant à gouverner et à rien construire, et de l'esprit rétrograde, qui, quoique représentant les besoins de l'ordre, est incapable d'y satisfaire, faute de pouvoir les concilier avec les aspirations au progrès.

Bien que ces deux principes aient perdu dans la lutte beaucoup de leur ancienne puissance, leur antagonisme anarchique dure encore et durera jusqu'au triomphe décisif de la doctrine finale, qui concilie irrévocablement l'ordre et le progrès. Cette foi démontrable, qui seule peut diriger l'activité pacifique, a été créée, il y a plus de trente ans, par le génie incomparable d'Auguste Comte ; mais elle est bien loin d'avoir obtenu l'ascendant nécessaire pour terminer la terrible anarchie mentale et morale qui tend à dissoudre la société française. Nous sommes donc encore malheureusement plongés au milieu de cette immense crise sociale qui, commencée au XIVe siècle, n'a acquis tout son caractère de gravité que depuis le début décisif de la Révolution française.

Ainsi l'histoire nous explique ce que l'observation nous montre : que nous sommes dans un état social dépourvu de toute foi commune, de ces principes fondamentaux unanimement acceptés et aptes, par conséquent, à régler les relations de la famille et de la société. Mais, en même temps, à la lumière de la philosophie de l'histoire, nous y voyons, nous y sentons, de tous côtés, les aspirations et les efforts vers une nouvelle organisation sociale sous la prépondérance d'une nouvelle foi. La société entière est un travail de rénovation, de régénération mentale et morale. A travers les décombres des doctrines qui gouvernèrent et rallièrent nos ancêtres, nous marchons vers la glorieuse doctrine qui doit constituer le régime final du genre humain.

Dans une semblable situation, si changeante et si peu stable, on conçoit aisément qu'il est impossible de construire rien de définitif et d'immuable dans l'ordre politique. Si la réorganisation sociale définitive, qui doit être la résultante de la reconstruction mentale et morale, n'est pas même commencée encore, qui serait assez insensé pour aspirer à établir les institutions politiques qui lui correspondent? Il est de toute évidence que la rénovation mentale et sociale doit précéder la réorganisation politique. Dans tout état normal, les forces prépondérantes dans l'activité sociale sont destinées à posséder la suprématie politique. Mais si de semblables forces, comme il arrive maintenant, n'étaient pas réglées par une doctrine morale, sanctionnée par l'opinion publique, elles seraient profondément perturbatrices. De là la nécessité fondamentale de ce que la reconstruction temporelle soit précédée de la réorganisation spirituelle.

Il faut donc que les hommes d'État abandonnent à jamais l'idée métaphysique de vouloir bâtir un système politique pour l'éternité, qui serait bientôt détruit par la marche des évènements. Le caractère transitoire de la constitution politique s'impose nécessairement. Qu'on la mette seulement en harmonie avec notre état de rénovation mentale et sociale, et elle pourra et devra acquérir une grande stabilité et une grande puissance, tout en conservant son caractère provisoire. En effet, la nature de notre évolution exige doublement une extrême énergie dans le gouvernement politique. D'une part, les troubles de l'ordre public que tend à produire spontanément l'anarchie spirituelle ne peuvent être empêchés que par une puissante autorité temporelle; et, d'une autre part, la plus profonde tranquillité publique est une condition indispensable pour que la régénération mentale et morale puisse s'effectuer sous le libre ascendant de la foi démontrable.

La situation française ne demande ni ne comporte donc d'autre institution politique que celle d'un gouvernement provisoire qui sache maintenir, avec énergie, l'ordre matériel au milieu du désordre spirituel. Voilà sa mission capitale. Mais à cette grande destination, il doit ajouter une autre, non moins importante, et qui lui est inséparable : celle d'instituer la pleine liberté spirituelle, de s'abstenir de toute ingérence dans le domaine théorique, en respectant scrupuleusement l'exposition de toutes les idées tant qu'elles n'iront pas jusqu'à perturber l'ordre pratique, et en ôtant tous privilèges à des doctrines quelconques. Libre ainsi de toute entrave anarchique ou rétrograde, la société française entrera alors de plain-pied dans la noble carrière de sa régénération morale et sociale, sous l'ascendant graduel de la seule doctrine digne de la réaliser.

Concilier l'ordre et le progrès, assurer la paix et la liberté, telle est la double destination que le mouvement social impose de nos jours au gouvernement français. C'est seulement en remplissant une telle mission qu'il peut acquérir une existence durable, car il satisfera ainsi les justes sollicitudes du parti conservateur et les dignes aspirations du parti progressiste.

Il s'agit maintenant d'indiquer les caractères fondamentaux qu'il doit revêtir pour qu'il puisse arriver à ce grand but, c'est-à-dire à se mettre en pleine harmonie avec l'évolution de la sociabilité française, permettant et facilitant la marche de celle-ci vers sa réorganisation finale.

Voici, suivant le Fondateur du Positivisme, les trois conditions nécessaires au gouvernement actuel de la France.

Il doit être :

1° Républicain et non monarchique ;

2° Dictatorial et non parlementaire ;

3° Temporel et non spirituel, d'après une entière liberté d'exposition et même de discussion.

Nous allons examiner successivement chacune de ces trois conditions, en montrant leur incontestable nécessité pour instituer le seul gouvernement capable de diriger, de nos jours, les précieuses destinées de la nation française.

II

Le gouvernement français doit être républicain et non monarchique.

Tous les esprits intelligents et sincères comprennent et avouent que la société française ne comporte, aujourd'hui, d'autre gouvernement que celui de la République. Mais, seul, le Positivisme donne à cette vérité une consistance systématique et inébranlable, en expliquant historiquement l'irrévocable avènement de l'état républicain en France. Il n'y a que lui aussi qui ait su signaler les caractères essentiels qui différencient l'état républicain de l'état monarchique.

Il prouve d'abord, d'après les faits, que la France n'a pas cessé de se trouver dans une situation essentiellement républicaine, depuis la déposition du dernier des monarques français, Louis XVI, car, après cette mémorable époque, malgré tous les vains efforts de la réaction, la monarchie n'y a jamais été vraiment rétablie. En effet, aucun des chefs de l'État qui se sont succédés après la grande révolution n'a pu acquérir, malgré leurs illusoires aspirations, les deux caractères propres à la royauté : l'inviolabilité et l'hérédité. Ils n'ont été que de simples dictateurs auxquels la nation a accordé sa confiance pour la direction des affaires publiques, mais en se réservant la faculté de les déposer, lorsqu'ils voudraient marcher contre le progrès social, ainsi qu'elle l'a fait à plusieurs reprises. Et, ce qui n'est pas moins caractéristique, aucun d'entre eux n'a pu transmettre son pouvoir à son véritable héritier. Les entraves et limitations constitutionnelles ou parlementaires, dont les monarchistes mêmes entouraient la prétendue royauté, font voir que celle-ci n'était qu'un fantôme, un rêve, en pleine contradiction avec la situation sociale.

C'est donc un fait historique incontestable que l'état monarchique a cessé d'exister en France depuis le début de la grande crise. Méconnaître ce fait, lutter contre lui, en voulant rétablir la monarchie, c'est se condamner à l'impuissance, c'est s'exposer à être écrasé sous la marche irrésistible des évènements sociaux. C'est cette tendance monarchique, reconnaissable surtout aux prétentions de maintenir ou de fonder, au sein de leurs familles, l'hérédité de la suprême magistrature, qui a été pour beaucoup dans le discrédit, l'impopularité et la chute définitive de la plupart des dictateurs de ce siècle ; car ces prétentions, comme le bon sens public l'a toujours senti, se lient naturellement à toutes les autres tendances à la rétrogradation. Voulant et ne pouvant pas être des dictateurs monarchiques, ils n'ont pas été ce qu'ils auraient dû être pour leur propre gloire et pour le bien de la Patrie : des dictateurs républicains.

Cette situation républicaine, qui, comme nous venons de le voir, est déjà un fait incontestable, devient, à la lumière de la philosophie de l'histoire, un résultat nécessaire de l'évolution progressive de l'Humanité. Celle-ci débuté, dans sa première et vaste organisation, par l'état théocratique, constitué par le régime des castes et par la confusion des deux pouvoirs, spirituel et temporel. L'hérédité de naissance formait alors le moyen de transmission de toutes les fonctions sociales. Ce régime, qui a jeté les fondements indestructibles de l'ordre humain, ne satisfaisait pas aux conditions du progrès ; il tendait à l'immobilité. C'était une systématisation prématurée des forces humaines avant qu'elles fussent suffisamment développées.

Pour arriver à la sociocratie, terme final de l'évolution humaine, où les conditions respectives de l'ordre et du progrès seront irrévocablement combinées, il a fallu donc dissoudre graduellement l'organisation théocratique. C'est ce que firent, en effet, successivement l'élaboration grecque, l'incorporation romaine, la préparation catholico-féodale et la révolution moderne. Depuis la mémorable tentative du moyen âge, préparée par les antécédents greco-romains, pour instituer une pleine indépendance entre le pouvoir spirituel et le pouvoir temporel, leur antique confusion théocratique n'a pu jamais vraiment renaître au sein des sociétés occidentales. De même, à partir de l'essor grec, l'hérédité théocratique tendit de plus en plus à disparaître de l'ordre social. Le catholicisme même lui porta le plus rude coup en empêchant, par le célibat de son clergé, la reconstitution de la caste sacerdotale. Et la révolution française, en abolissant la monarchie, ne fit que continuer et compléter ce mouvement de dissolution de la théocratie, car il supprima ainsi le dernier vestige du régime des castes. Cette suppression capitale permit enfin de concevoir et de construire le régime définitif de notre espèce, où, comme condition de progrès, l'antique confusion de deux pouvoirs sera remplacée par leur entière indépendance, et où nous aurons, comme condition d'ordre, à la place de l'hérédité théocratique, l'hérédité sociocratique, en vertu de laquelle chaque fonctionnaire choisira son successeur sous le double contrôle de ses supérieurs et de l'opinion publique, ce qui suffit à assurer la plénitude de la continuité sociale.

La disparition de la monarchie n'est donc pas un fait arbitraire. Elle se rattache intimement à un grand phénomène historique, supérieur à toute volonté humaine : la marche nécessaire et continue de l'Humanité de la théocratie vers la sociocratie.

Il y a plus. La situation sociale actuelle, telle que nous l'avons décrite dans notre paragraphe antérieur, repousse d'elle-même le rétablissement de la monarchie, sous quelque forme déguisée ou mitigée qu'on veuille la faire accepter. Nous avons fait voir que nous nous trouvons au milieu d'une profonde anarchie mentale et morale, sans aucune doctrine sociale dominante, dans une véritable époque de transition, où tout tend à changer et à se transformer. Nous avons conclu qu'une pareille situation exigeait un gouvernement provisoire et excluait toute construction définitive dans l'ordre politique. Eh bien ! par ce double motif, elle condamne d'avance un pouvoir politique qui, comme la royauté, s'est toujours rattaché à une organisation sociale fixe et déterminée. Voilà le secret de cette répugnance instinctive et profonde du peuple français pour toute restauration de la monarchie, vieux rouage d'un système social et religieux à jamais éteint. Le public voit en elle un symbole de rétrogradation, et il voit juste, car, pour la reconstituer, on est nécessairement poussé à faire revivre les institutions et les croyances qui lui servaient jadis de principal appui. C'est ce que nous montre, du reste, l'histoire contemporaine. Les deux principaux dictateurs rétrogrades de ce siècle, dont l'un a voulu follement fonder une nouvelle dynastie, et l'autre la continuer, n'ont pas tardé à s'entourer, dans leur tentative, de tous les éléments de la réaction politique et religieuse, de tous les débris de l'ancien régime.

Exclusion irrévocable de la monarchie, abolition de

l'hérédité de naissance dans la suprême magistrature, voilà, suivant le Positivisme, la signification essentielle de l'*état républicain* où se trouve la France, depuis le début de la grande crise, comme nous l'avons tant montré.

Mais à ce sens purement négatif de la situation républicaine se joint, aux yeux de la vraie philosophie, une signification positive non moins importante et qui se rapporte à la destination propre au gouvernement républicain.

La République, en effet, veut dire que tout pouvoir est institué, non dans l'intérêt d'une famille ou d'une classe, mais dans l'intérêt commun de la nation. Elle proclame la prépondérance systématique du sentiment social, en consacrant toutes les forces de la société au bien général. Elle établit, au fond, le même principe capital, qui sert de base à tout le Positivisme : celui de *la subordination continue de l'intelligence et de l'activité au sentiment, de la politique à la morale.*

Voilà le seul caractère positif de la République que nous pouvons considérer comme vraiment définitif, car il appartient aussi à la sociabilité finale, à la *sociocratie*, où aucun commandement ne sera fait au nom *de Dieu*, de *mon droit* ou de *mon bon plaisir*, mais au nom du devoir imposé par la nature de chaque fonction sociale, au nom du bien public, au nom suprême de l'Humanité.

La République digne de ce nom doit donc être éminemment sociale. Il faut que son gouvernement, sans prétendre résoudre les questions sociales, ce qui n'est pas de sa compétence, prenne les mesures qui aideront et faciliteront ces importantes solutions. A lui surtout de détruire les privilèges des classes transitoires de la bourgeoisie qui constituent l'obstacle le plus puissant au principal problème de la République : l'incorporation du prolétariat à la société moderne.

L'état républicain, ainsi compris, impose un double devoir à l'homme d'État qui ait la noble ambition de diriger les destinées de la France, d'y assurer l'ordre et le progrès. Il est tenu d'abord de renoncer à jamais à toute tentative de restauration d'une dynastie quelconque. Mais, en vrai républicain, il doit, en même temps, être animé de la plus vive et active sympathie pour le sort de la masse sociale, de cet immense prolétariat, qui, depuis un siècle, attend encore le remède à ses intolérables souffrances. Cette noble sympathie, cette suprême bonté, le porteront à se dégager des intérêts égoïstes de la bourgeoisie, de ces classes ontologiques, lettrées ou légistes, destinées à disparaître et à se fondre graduellement, soit parmi les vrais directeurs de l'industrie, soit, pour la plupart, dans le sein du prolétariat, d'où elles étaient sorties. Alors il pourra et devra consacrer librement toutes ses forces au bien général.

Ce n'est qu'en remplissant cette double condition de sincère renoncement à la monarchie et de plein dévoûment social, que le Chef de la République peut conquérir la confiance et la sympathie populaires indispensables à l'énergie et à la stabilité de son gouvernement. S'il favorise les intérêts monarchiques ou les intérêts bourgeois, il provoquera fatalement une nouvelle crise politique qui amènera inévitablement sa chute.

Ces considérations suffiront, j'espère, pour prouver la première condition qu'exige du gouvernement la situation actuelle : qu'il soit républicain et non pas monarchique.

Examinons maintenant son second caractère, non moins réclamé par la marche des évènements.

III

Le gouvernement républicain doit être dictatorial et non parlementaire.

Le caractère républicain, qui s'impose d'une manière impérieuse au gouvernement de la France, est déjà reconnu et accepté par la généralité des hommes d'État et par l'ensemble de l'opinion publique. Il n'en est pas malheureusement de même quant à la forme qui lui convient le mieux, la seule qui le rendra apte à concilier l'ordre et le progrès : la forme dictatoriale. Au contraire, jusqu'ici, les préjugés révolutionnaires et les intérêts de la bourgeoisie ont concouru pour faire lier, dans l'opinion générale, l'idée de République à celle de régime parlementaire, à celle du règne d'une assemblée. C'est dans cette fatale méprise, dans cette erreur aussi grave qu'injustifiable aujourd'hui, qu'il faut chercher la principale cause de l'état de désarroi et de stagnation où nous voyons maintenant la politique républicaine. Et tant que les esprits républicains resteront sous le joug de ce funeste préjugé, ils seront incapables de fonder le gouvernement propre à diriger dignement les destinées de la République, et laisseront exposée celle-ci à toutes les tentatives perturbatrices de l'anarchie ou de la rétrogradation.

Rien n'importe donc plus au salut de la France que de convaincre les hommes d'État et l'opinion publique de l'ineptie du parlementarisme, de son incompatibilité avec les traditions françaises et avec la marche de ce grand pays vers une pleine régénération mentale, morale et sociale.

C'est un philosophe, constamment républicain, Auguste Comte, qui a démontré, le premier, l'inanité et le danger de l'importation en France du régime parlementaire, qui ne convenait qu'à l'Angleterre. Cela ressort avec toute évidence de son admirable étude comparative de l'évolution sociale de ces deux pays.

En Angleterre, par un ensemble d'évènements particuliers, parmi lesquels il faut signaler avant tout les invasions saxonne et normande, dans les inévitables luttes que la décadence de l'ancien régime devait provoquer entre les pouvoirs qui le constituaient, nous voyons le pouvoir local de l'aristocratie triompher finalement de la royauté. Les éléments nouveaux, les communes, s'allièrent avec la noblesse, et l'aidèrent puissamment à subordonner le pouvoir central. Ainsi fut fondée, dans ce pays, la domination de la caste nobiliaire, constituant une véritable dictature aristocratique. Voilà la source et le solide fondement de ce régime parlementaire qu'on a vu fleurir de l'autre côté de la Manche. L'habileté politique de cette noblesse, qui, en secondant l'isolement et l'égoïsme industriels de l'Angleterre, fit confondre ses intérêts avec ceux de la population, tendit à fortifier considérablement ce régime. Ces profondes racines historiques, cette conformité avec le milieu social, expliquent l'opportunité et la stabilité du parlementarisme anglais.

Et qu'il nous soit permis d'ouvrir ici une parenthèse pour constater déjà que le régime parlementaire n'a rien à voir avec la République, puisque nous le voyons dominer un des pays les plus éloignés de l'état républicain. Et, justement, le seul éclair républicain qui ait brillé jusqu'ici sur le sol de l'Angleterre eut lieu lors de la dissolution passagère de ce régime, sous l'admirable dictature du grand Cromwell.

En France, tout au contraire, comme dans tout le continent, ce fut le pouvoir central, la royauté, qui finit par annuler et subordonner entièrement le pouvoir local de l'aristocratie. Les éléments populaires et ascendants de la société, les communes, contribuèrent à ce triomphe et se rallièrent toujours autour de la monarchie, qu'ils regardaient justement comme le pouvoir le plus favorable à leur ascension. Ainsi s'organisa cette dictature monarchique qui a présidé dignement à la formation et au progrès de la patrie française, jusqu'à ce qu'elle devînt irrévocablement rétrograde dès la seconde moitié du règne de Louis XIV. Qu'il nous suffise de rappeler les noms glorieux de Louis XI, de Henri IV, de Richelieu et de Colbert.

Au lieu de se disperser, comme en Angleterre, parmi les membres du pouvoir local, toutes les forces gouvernementales se concentrèrent de plus en plus en France entre les mains du pouvoir central. Cela fut très heureux pour le progrès social, car en annulant la noblesse, on détruisait le principal élément constitutif du régime féodal. En même temps, cela facilitait la transformation républicaine, car, pour l'effectuer, il n'y avait alors qu'à changer la nature du gouvernement central, en remplaçant la dictature monarchique par la dictature républicaine.

L'évolution sociale, les antécédents historiques, établissent donc, d'une manière indéniable, en France, la prépondérance du pouvoir central sur le pouvoir local. Celui-ci, outre qu'il s'était toujours montré rétrograde, avait fini par perdre toute vie, toute véritable influence dans la population. Vouloir le reconstituer est donc non seulement aller contre les antécédents historiques qui demandent la concentration de la force politique, mais prétendre donner vie à ce qui est irrévocablement mort.

Ainsi reste condamné d'avance ce système parlementaire que l'on s'est efforcé d'implanter tant de fois en France sans pouvoir jamais l'y acclimater. Il n'y trouve pas le puissant appui d'une noblesse qui, comme en Angleterre, ait tenu depuis des siècles la direction des affaires publiques. Il n'y pourra donc jamais devenir, comme là, un système réel, énergique et stable de gouvernement.

Mais comment a-t-on pu être amené à imiter follement un système politique si contraire aux traditions de la nationalité française ? Cela s'explique tout naturellement d'après la théorie historique d'Auguste Comte. Le mouvement de décomposition de l'ancien régime, comme nous l'avons déjà dit, fut plus rapide que celui de recomposition ou d'élaboration des éléments du régime final, positif et industriel ; de sorte que, lorsqu'éclata, en 89, le début de la grande crise qui mit en pleine évidence la déchéance de l'antique organisation politique, la doctrine propre à l'Avenir et qui est seule capable de guider la transition qui doit nous y conduire n'était pas encore construite. Le mouvement révolutionnaire se trouva, en conséquence, livré à l'empirisme et à l'influence perturbatrice des doctrines critiques. Dans l'impossibilité de construire un régime politique qui lui appartînt en propre, il accepta la royauté, mais il pensa qu'il fallait la réduire à l'impuissance afin d'éviter ses inconvénients. Dans ce but, on fut naturellement conduit à imiter le système anglais, où le pouvoir central avait été entièrement annulé. On entoura donc le monarque d'une assemblée destinée à lui dicter des lois, à le surveiller et à le paralyser dans son action gouvernementale. Ainsi fut créé cet absurde système de la monarchie constitutionnelle, où, suivant une expression célèbre, le roi règne, mais ne gouverne pas.

Contraire à l'ensemble des traditions françaises, nous voyons encore que le parlementarisme n'est, de par sa source, qu'un appareil de destruction, qu'une systématisation de la méfiance contre tout gouvernement. Dès lors, nous ne devons pas nous étonner qu'il se soit montré toujours incapable de diriger les affaires politiques, et qu'il n'ait été qu'un obstacle à l'ordre et au progrès de la sociabilité française. Chaque fois que le besoin de l'ordre s'est fait puissamment sentir, chaque fois qu'il a fallu déployer une action énergique dans l'intérêt de la paix intérieure ou de la défense extérieure, chaque fois qu'on a voulu réaliser un important progrès social, chaque fois, en un mot, que l'existence d'un vrai gouvernement s'est rendue nécessaire, on a été obligé de se défaire de l'Assemblée parlementaire et de ranimer le pouvoir central en lui confiant la plénitude de la puissance politique, conformément aux traditions gouvernementales de la France. C'est seulement lorsque ce pouvoir central s'est montré ouvertement réactionnaire, que les sympathies populaires ont réveillé de nouveau le régime parlementaire. Mais les traditions dictatoriales sont si enracinées dans la population, qu'à peine surgit-il un homme d'État donnant des garanties au progrès, qu'il se trouve entouré d'un immense prestige national. Voilà comment il s'est fait que la France ait toujours flotté, depuis la Révolution, entre l'ascendant de l'Assemblée parlementaire et la prépondérance du pouvoir central. Et cette funeste oscillation durera jusqu'à ce qu'on ait transformé et adapté à la situation actuelle le gouvernement traditionnel propre à la France, en fondant ouvertement la dictature républicaine.

Si nous examinons maintenant la nature de ce parlementarisme français, nous le verrons être essentiellement opposé à l'état républicain et constituer l'obstacle le plus puissant au progrès social. L'Assemblée est toujours formée, nécessairement, comme tout le monde le sait, en partie par les débris des classes de l'ancien régime, et, dans sa majorité, par les classes lettrées et bourgeoises. La fortune, l'instruction littéraire, l'aptitude à bien discourir, voilà les conditions ou les circonstances qui mènent à ce cénacle parlementaire. Elles appartiennent à la bourgeoisie, et c'est ainsi que le gouvernement parlementaire est fatalement le gouvernement de la bourgeoisie. Celle-ci, qui avait fait la Révolution française en se servant du prolétariat, a trouvé pleine satisfaction à ses ambitions et à ses intérêts dans le parlementarisme, et s'efforce à le maintenir. Elle a fait habilement appel au préjugé révolutionnaire sur la souveraineté populaire, pour faire accroire au public que le règne d'une Assemblée constitue l'état républicain. Pour prolonger sa domination, elle a accordé au peuple un semblant de pouvoir suprême dans le suffrage universel, bien sûre qu'elle était que le choix des électeurs devait toujours retomber sur elle. Les préjugés révolutionnaires sont donc venus consacrer un régime radicalement contraire à la République, puisqu'il favorise l'égoïsme d'une classe au préjudice de l'intérêt général.

De plus, ce régime ne cessera pas de constituer le principal obstacle à la grande réforme politique qui doit ouvrir à la France les portes de l'Avenir, et sans laquelle elle ne peut donner un pas vers la régénération sociale. Il s'agit de la séparation du spirituel et du temporel, des Églises et de l'État, et de la suppression, par conséquent, de tous les privilèges du clergé, des savants et des lettrés. Nous parlerons de cette réforme capitale dans le paragraphe suivant. Qu'il nous suffise de dire, pour le moment, que le Parlement formé par ces classes lettrées, alimenté sans cesse par le régime universitaire, ne consentira jamais que l'État qu'il dirige se déssaisisse de ses attributions spirituelles. Leur vanité se trouve satisfaite en discutant et résolvant, sans la moindre compétence, les plus hautes questions d'éducation et les plus difficiles problèmes moraux et sociaux. Il leur plaît de se constituer en un véritable concile. Du reste, nous ferons voir dans notre prochain paragraphe que le régime parlementaire forme, avec les régimes académique, universitaire et même théologique, une ligue toute naturelle entre les débris de l'ancien régime et les classes bourgeoises, destinée à arrêter la régénération sociale.

D'ailleurs, une expérience déjà séculaire a mis en pleine évidence ce qu'on devait attendre d'un pareil régime. Siège et aliment continu de l'intrigue et de la corruption politiques, il s'est montré incapable de maintenir l'ordre et de diriger le progrès. Ouvrant les portes à toutes les ambitions, favorisant la domination et le triomphe des sophistes et des purs discoureurs, il a contribué à perpétuer l'agitation et le désordre politiques, et à éloigner le public de l'étude et de la méditation de la grande doctrine mentale et morale destinée à réorganiser la société.

C'est en vain que nous chercherions dans ce régime cette continuité de vues et d'action indispensable à la bonne direction de toute politique intérieure et extérieure. Comment l'obtenir, lorsque son caractère le plus saillant est le changement perpétuel des membres du Parlement, de ses chefs ou ministres et des employés mêmes qui en dépendent !

Déjà très coûteux en lui-même, ce régime, loin de tendre à une sage économie des dépenses publiques, surtout administratives, ne fait que les augmenter de jour en jour, car, dans la nécessité de ménager les membres des différents partis et de s'attirer leur adhésion, les ministres sont poussés à multiplier les fonctions inutiles et coûteuses, non seulement dans l'ordre politique, mais aussi dans tous ceux qui en dépendent, administration, enseignement, etc. C'est au moyen de ce funeste régime que la bourgeoisie exploite honteusement une partie de la fortune publique aux dépens de la masse sociale.

Incapable d'instituer un vrai gouvernement, profondément perturbateur et corrupteur, énormément dispendieux, contraire aux traditions françaises, le régime parlementaire conserve en outre un des caractères principaux de la monarchie : l'irresponsabilité. Les membres d'une assemblée quelconque ne peuvent pas être, dans le fait, responsables des mesures prises par leur ensemble. Le blâme public n'arrivera jamais à les atteindre individuellement. Ceci finit de montrer la nature éminemment antirépublicaine du parlementarisme. *Pleine confiance et entière responsabilité*, telles sont, en effet, les conditions qu'exige de la part des gouvernés et des gouvernants le véritable régime de la République.

L'expérience de ces dix-huit dernières années a été particulièrement décisive contre ce déplorable régime, car il s'y est exercé dans toute sa pureté, en dehors de tout alliage avec la monarchie ou l'empire. Son impuissance et son immoralité se sont rendues si visibles, ses funestes résultats politiques sont arrivés à tel point, que, malgré les sophismes des lettrés bourgeois et les préjugés révolutionnaires, il a fini par perdre de nos jours tout prestige aux yeux de la population française. Tout nous annonce qu'il est destiné à s'éteindre dans un bref délai.

Nous constatons, par contre, dans le public, une heureuse tendance, toujours croissante, en faveur de la dictature, comme étant la seule forme qui convienne au gouvernement actuel de la France. On cherche instinctivement l'homme d'État qui doit nous débarrasser du régime parlementaire ; on se rallie de tout cœur autour de celui que l'on croit digne et capable de diriger les destinées de la République. Les moins enthousiastes restent seulement à se demander si l'homme dont ils voient croître de jour en jour la popularité et le prestige sera celui que la situation réclame et s'il gardera toujours sa foi républicaine, mais ils ne reconnaissent pas moins la nécessité de la concentration du pouvoir politique entre les mains d'un homme d'État. Ainsi, après de si longues années d'illusions parlementaires, l'ensemble de la population et le parti républicain reviennent donc spontanément vers cette vérité, démontrée par Auguste Comte, il y a quarante ans : que seule une dictature républicaine, et par conséquent progressive, peut gouverner convenablement la France jusqu'à sa prochaine réorganisation morale et sociale.

Les meilleurs républicains de la Révolution, les Dantoniens, avaient eu les premiers une conception empirique de cette dictature, lorsqu'ils instituèrent, pour la défense de la patrie, le Comité de salut public et le Tribunal révolutionnaire. « L'école dantonienne de Diderot, dit Auguste Comte (1), supérieure aux illusions démagogiques, développa seule les traditions françaises, en concevant la situation républicaine comme destinée à ranimer l'ascendant nécessaire du pouvoir central, au lieu de faire triompher le pouvoir local. Quand l'aristocratie britannique institua la coalition rétrograde contre l'impulsion régénératrice, les besoins de la défense nationale transférèrent

(1) *Politique positive*, t. III, p. 599.

bientôt le gouvernement à ces chefs d'élite, aussi recommandables de cœur et d'esprit que par le caractère. Ils dominèrent pendant les dix mois compris entre l'expulsion nécessaire des discoureurs et le sanguinaire triomphe des fanatiques, période qui caractérisera finalement l'unique assemblée française dont le souvenir doive rester. Alors surgit, à travers les nuages métaphysiques, l'admirable conception du gouvernement révolutionnaire, instituant une dictature comparable à celles de Louis XI, de Richelieu, de Cromwell, et même de Frédéric. »

Cette concentration du pouvoir, cet état dictatorial est si impérieusement exigé par les traditions françaises et par la situation sociale actuelle, que nous le voyons percer même à travers le contradictoire régime parlementaire. Toujours la volonté d'un homme finit par être prépondérante au sein de l'assemblée. Ainsi s'établit une sorte de dictature, mais une dictature occulte, irresponsable devant le pays, forcée à servir les intérêts du parti dominant de l'assemblée, et exposée à disparaître à chaque instant sous les intrigues et les complots propres au régime parlementaire.

Imposée par les antécédents historiques, la dictature est la condition capitale de la stabilité et de la grandeur de l'état républicain. Les forces sociales ne peuvent se constituer et agir qu'en se personnifiant. Voilà une vérité fondamentale que la science sociale établit, et qui suffit à évanouir tous les préjugés révolutionnaires qui s'opposent à la concentration du pouvoir politique. Les forces républicaines manqueront d'efficacité, d'énergie et de stabilité tant qu'elles ne se seront pas ralliées autour d'une éminente personnalité. Pour que l'état républicain, qui représente l'intérêt de la nation, puisse se consolider définitivement et rentrer dans une phase progressive, il faut qu'il ait à son service une individualité investie de la plénitude du pouvoir suprême. Seul, en effet, un dictateur, débarrassé de toute assemblée législative, aura assez de puissance pour donner une consistance et une continuité inébranlables au mouvement républicain, et pour le défendre efficacement contre les menées des débris de l'ancien régime, qui voudraient l'anéantir, et contre les ambitions de la bourgeoisie, qui persiste à l'exploiter à son profit. Seule, la dictature républicaine se sentira assez forte pour oser prendre les mesures décisives et énergiques qu'exigent le maintien de l'ordre et les conditions du progrès, mesures qui iront blesser au vif la cupidité et les ambitions d'une classe nombreuse et puissante.

Au nom de l'ordre et du progrès, au nom du salut et de la prospérité de la République, la nation française et, spécialement, le parti républicain, doivent donc entourer de leur appui et soutenir de toutes leurs forces l'homme d'État supérieur qui ait donné des garanties réelles de son dévouement à la cause républicaine. La France rentrera ainsi dans ses véritables traditions politiques. Elle accorda jadis sa confiance à la dictature monarchique tant qu'elle se montra progressive ; elle la lui retira lorsqu'elle devint fatalement rétrograde. Nous sommes assurés qu'elle l'accordera maintenant à une dictature réellement républicaine, seul gouvernement progressif que comporte sa sociabilité actuelle.

L'homme d'État, appelé à instituer la dictature républicaine, devra, suivant le conseil d'Auguste Comte, concentrer dans ses mains tout le pouvoir politique, ne laissant à la Chambre, considérablement réduite dans le nombre de ses membres, qu'un office purement financier. « La subtilité métaphysique qui distingue les lois et les décrets, dit le Fondateur du Positivisme, — fut introduite par les légistes dantoniens, pour éluder les tendances anarchiques de la constitution démagogique à travers laquelle surgit le gouvernement révolutionnaire. Ce motif, ayant à jamais cessé, la dictature, devenue progressive, doit suivre une marche plus noble et plus libre, en s'attribuant directement, sous sa seule responsabilité, la plénitude du pouvoir temporel, sans l'altérer par des formalités puériles ou vicieuses. Il ne faut maintenant conserver d'autre assemblée politique que celle qui, dispensée de tout office législatif, consacrera le premier mois de sa session triennale à voter l'ensemble du budget, et les deux autres à contrôler les comptes antérieurs. A cette Chambre, purement financière, chaque département enverra trois députés, respectivement choisis par les trois parties, agricole, manufacturière et commerciale, de sa population active. Quoique leurs fonctions soient toujours gratuites, des subsides volontaires permettent de confier exceptionnellement aux pauvres une mission naturellement réservée aux riches. »

Mais, nous dira-t-on, où est le contrôle d'une pareille dictature, où est la puissance qui doit nous rassurer contre ses fautes et ses déviations? Il n'y en a pas et il ne peut y en avoir d'autre, réellement efficace, que celle de l'opinion publique. Le dictateur, investi de la confiance populaire et de la plénitude du pouvoir politique, se trouvera placé en même temps face à face de la nation et sera entièrement responsable devant elle. Le jour où il voudra entraver le progrès social, le jour où il abandonnera l'intérêt général, le jour, en un mot, où il cessera d'être républicain, elle lui refusera son concours et l'obligera à se démettre (1).

(1) La Chambre financière servira, dans ce cas exceptionnel, d'organe et d'instrument de l'opinion publique, en refusant le vote des impôts.

Il est temps, d'ailleurs, de quitter cet état métaphysique de méfiance continue contre tout gouvernement. Le parti républicain, convaincu de la nécessité de la dictature, saura se rallier autour d'un homme d'État qui soit réellement dévoué à la République. Le caractère rétrograde des dictateurs précédents tenait surtout à ce que, étant généralement admis que l'état républicain excluait la dictature, les besoins de l'ordre obligeaient d'aller chercher le dictateur indispensable parmi les débris de l'ancien régime, toujours enclins à la rétrogradation. Mais lorsque ce sera le parti républicain lui-même qui conduira à la dictature un éminent homme d'État, lorsque ce sera ce parti, devenu ainsi le véritable parti conservateur tout en restant progressif, qui entourera et appuiera le gouvernement, il est certain que celui-ci marchera toujours dans les voies républicaines. Ou les républicains douteraient-ils à ce point de la solidité de leurs convictions, qu'ils croient impossible de rencontrer parmi eux un seul homme capable de rester, au pouvoir, sincèrement et constamment dévoué à la République? Rejetons cette pensée injurieuse, et sachons reconnaître qu'il y a plus d'un homme d'État, parmi eux, capable de garder sa foi, lorsqu'il sera élevé à la suprême magistrature. D'ailleurs, le courant de l'opinion est aujourd'hui si puissant, que sa gloire, son ambition et son intérêt même suffiraient à le maintenir dans les voies républicaines, quand ne le feraient ses propres convictions et la bonté naturelle aux hommes supérieurs.

Tout annonce, du reste, que le gouvernement dictatorial ne tardera pas à surgir en France. Prédit et conseillé par la science sociale, son prochain et inévitable avènement est rendu visible aux yeux de tous par le mouvement social actuel. Seulement, nous ne saurions trop le répéter, cette dictature sera d'une durée éphémère et s'écroulera bientôt sous une nouvelle secousse révolutionnaire, si elle ne prend pas un caractère éminemment républicain. Elle devra abandonner toute idée d'hérédité, s'abstenir de favoriser les classes transitoires de la bourgeoisie, préparer, au contraire, leur extinction, et se considérer comme préposée à veiller surtout pour les intérêts de la grande masse du prolétariat, qu'il s'agit d'incorporer à la société moderne. Mais le seul gage décisif qu'elle peut donner de sa nature réellement progressive et républicaine consiste à établir une pleine liberté spirituelle, par la suppression non seulement de toute entrave à la libre exposition et discussion des doctrines quelconques, mais aussi de tous les privilèges des classes théologiques, universitaires et académiques, qui forment le principal obstacle au triomphe des saines idées morales et sociales.

Si sa constitution dictatoriale est la condition capitale pour que le gouvernement républicain puisse consolider l'ordre public, son caractère purement temporel, instituant la pleine liberté spirituelle, le rend seul apte à assurer le progrès. Et la connexité de ces deux conditions fondamentales est telle, que nous ne pourrons jamais avoir une vraie dictature républicaine, si elle ne réalise cette liberté spirituelle, et que nous n'obtiendrons jamais celle-ci que d'une dictature à tendances sincèrement républicaines. C'est ce que nous verrons dans notre prochain paragraphe, où nous allons traiter de la plus grande réforme politique qu'exige la marche de la sociabilité française vers le régime final de l'Humanité.

IV

La dictature républicaine doit être temporelle et non spirituelle, ce qui indique son double devoir d'assurer une pleine liberté d'exposition et de discussion, et de renoncer à toute doctrine d'État, par la suppression du triple budget théorique, ecclésiastique, universitaire et académique.

En dehors de l'abolition du régime parlementaire et de l'établissement de la dictature républicaine, il n'y a pas de réforme politique plus capitale que celle de l'institution d'une entière liberté spirituelle. Elle forme le complément indispensable des deux autres, et elle constitue surtout le gage assuré du caractère progressif et social que doit revêtir la dictature républicaine, sous peine d'une prompte déchéance. Le public sent instinctivement, quoique d'une manière confuse encore, la haute importance d'une telle mesure. Nous en voyons un signe évident dans cette ardeur si vive et si tenace avec laquelle il n'a pas cessé, depuis longtemps, de demander la séparation des Églises et de l'État, c'est-à-dire la suppression du budget ecclésiastique. Cette séparation si ardemment souhaitée et si vainement attendue, quoique tant de fois promise par le régime parlementaire, fait, en effet, partie du programme d'Auguste Comte sur la fondation de la pleine liberté spirituelle. Mais ce programme comprend, en outre, tout un ensemble de mesures aussi décisives que celle-là, bien qu'entièrement méconnues par le parti républicain, par les socialistes, et par tous ceux qui crient le plus fortement en faveur de la liberté. Seul, le Positivisme, en possession de la vraie science sociale, était apte à les signaler en faisant voir leur intime liaison avec la prochaine régénération de la société. Rappelons-les telles qu'elles ont été exposées par le Fondateur du Positivisme.

Mais il faut d'abord mettre en pleine évidence la nécessité de la liberté spirituelle, c'est-à-dire de l'abstention de l'État de toute ingérence dans le domaine des croyances et des doctrines.

Cette liberté est, avant tout, une condition nécessaire de la solution du grand problème de notre temps : réorganiser la société sous la prépondérance d'une foi commune librement acceptée. A chaque système social de l'Humanité correspond une doctrine en harmonie avec lui et destinée à lui servir de base et de direction. C'est ainsi que les antiques civilisations théocratiques et militaires furent présidées par les croyances polythéistes, et que le système défensif du moyen âge fut dignement dirigé par la foi catholique. Après la décadence de ce dernier régime militaire, la société a marché à grands pas vers sa vie vraiment définitive, la vie purement industrielle et pacifique. Toutes les forces, tous les éléments de ce nouveau et dernier système social ont déjà entièrement surgi : les sciences, les arts industriels, les divers chefs de l'industrie, et surtout son élément capital, l'immense phalange des libres travailleurs, le prolétariat. Ce qui manque à l'établissement de ce régime, c'est la prépondance de la doctrine destinée à l'organiser.

Car, à cette vie pacifique et industrielle, comme à l'ancienne vie guerrière, il lui faut une foi commune, qui impose à tous les devoirs exigés par les conditions d'ordre et de progrès de ce nouvel état social. C'est son libre ascendant qui peut seul, en effet, résoudre le problème fondamental de ce régime : l'incorporation sociale du prolétariat, qui n'est encore que campé au milieu de notre société, suivant la juste expression d'Auguste Comte. Sans doute, les prolétaires sont libres déjà et grâce au moyen âge, mais ils restent fatalement soumis à un travail excessif, privés, pour la plupart, d'un salaire suffisant et exposés souvent à mourir de faim ou à croupir dans la plus affreuse misère matérielle ou morale. Il est indispensable de faire disparaître une semblable situation si contraire à l'ordre et au progrès, si nuisible aux intérêts matériels et moraux de l'Humanité.

Pour cela, il faut que les directeurs de l'industrie accomplissent les grands devoirs que l'Humanité leur impose en leur confiant l'administration des richesses sociales. C'est une partie essentielle de leurs fonctions, d'assurer les conditions pour que leurs dirigés soient des travailleurs sains, intelligents et honnêtes. Ils doivent donc donner aux ouvriers un salaire suffisant, pour qu'ils puissent développer leur vie intellectuelle et morale, et participer surtout de l'existence de la famille, base du bonheur et de la moralité. De cette dernière condition dépendent les limites de ce salaire indispensable. Il faut qu'il permette à la femme et aux enfants de rester au ménage, sans être obligés d'aller travailler au dehors pour gagner leur subsistance.

On n'arrivera jamais à faire accomplir ces devoirs aux riches que par la prépondérance de la doctrine sociale démontrable. Eux-mêmes seront obligés d'abord de les reconnaître d'après les enseignements incontestables qui résultent de l'étude réelle de l'organisme social. Mais si leurs propres convictions et sentiments n'arrivent pas à modifier leur conduite, il reste alors pour agir sur eux la force irrésistible de l'opinion publique, lorsqu'elle sera convenablement organisée sous l'influence d'une foi commune. En tête de cette organisation se trouvera nécessairement placé le nouveau pouvoir spirituel, le nouveau sacerdoce, destiné à enseigner les grandes vérités morales et sociales de la religion démontrable, à les rappeler sans cesse aux grands et aux petits, et préposé surtout à *la protection continue des faibles contre les forts.*

De ces considérations il résulte incontestablement que la terminaison de l'anarchie actuelle, que la réorganisation de la société, dépendent de la rénovation des opinions et des mœurs, du triomphe d'une nouvelle doctrine mentale et morale. La laisser surgir librement, la débarrasser des injustes et puissants obstacles qui s'opposent à son heureux développement, voilà donc les conditions premières du vrai progrès social à notre époque. De là le besoin d'instituer la pleine liberté spirituelle qui, permettant la libre propagation de la religion finale, amènera son ascendant universel.

La liberté spirituelle étant donc le fondement essentiel du progrès social, la dictature républicaine, ou vraiment progressive, doit se constituer dans sa principale gardienne, et prendre les mesures nécessaires à l'assurer dans toute sa plénitude.

Dans ce but, il faut premièrement qu'elle garantisse une entière liberté d'exposition et de discussion à toutes les doctrines qui se disputent l'ascendant social : là est naturellement comprise la plus ample liberté de réunion et d'association. Tant que la manifestation et la lutte des opinions n'iront pas jusqu'à perturber l'ordre public, la dictature devra les respecter scrupuleusement. Sans cela elle dégénèrerait bientôt dans une tyrannie oppressive et rétrograde, profondément opposée à l'avènement du régime nouveau.

Afin d'empêcher les abus qu'on pourrait faire d'une semblable liberté, on exigera les garanties indiquées par Auguste Comte : « Il faut d'abord supprimer toute entrave aux communications écrites, en réduisant la police de la presse, même affichée, à l'obligation de tout signer, complétée par l'exacte indication du domicile de chaque auteur, avec la date et le lieu de sa naissance. Une telle condition étant pleinement conforme aux mœurs, les lois peuvent sévèrement punir son infraction quelconque, en imposant de fortes amendes, suivies, après trois condamnations, d'une interdiction, provisoire ou définitive, de la publicité. Cette garantie suffirait aussi pour remplacer celles d'une honteuse législation envers les abus que comporte l'examen nécessaire des hommes publics, et surtout de ceux qui, prétendant au pouvoir spirituel, doivent mieux prouver leur moralité. »

Des garanties équivalentes seront prises pour prévenir ou redresser les abus des clubs et de toutes les libres réunions publiques.

La population, jouissant ainsi d'une pleine liberté de discussion et de réunion, deviendra le meilleur contrôle, le meilleur surveillant de la dictature. Elle sera, en même temps, en mesure de reconnaître la doctrine sociale régénératrice et de discerner ceux qui défendent réellement les grands intérêts de l'Humanité. L'alliance décisive entre le prolétariat et ses dignes guides spirituels ne tardera pas alors à se former, afin de faire surgir la force irrésistible de l'opinion publique.

Cette partie de la liberté spirituelle est si profondément incorporée déjà aux mœurs françaises, que la dictature républicaine n'a qu'à la maintenir et à l'étendre (1). Mais il n'en est pas de même quant aux autres mesures destinées à compléter cette pleine liberté théorique, si indispensable au triomphe de la doctrine régénératrice. Pour les établir, il nous faut une puissante et inflexible énergie politique, que seule une vraie dictature républicaine saura déployer, car leur haute importance est moins reconnue du public, et elles ont contre elles toutes les ambitions et tous les intérêts des classes lettrées de la bourgeoisie. Cela suffit aussi pour démontrer que nous ne les obtiendrons jamais du parlementarisme, principal instrument de la domination des lettrés et de la résistance bourgeoise contre la régénération sociale.

Toutes ces mesures sont comprises dans le caractère purement temporel que doit revêtir la dictature, en concentrant toute son énergie dans le maintien de l'ordre public, et en laissant à l'initiative de la société l'établissement et la propagation des enseignements et des doctrines propres à sa prochaine réorganisation. La véritable liberté exige que toutes les doctrines qui aspirent à la suprématie sociale soient sous le même pied d'égalité, qu'aucune ne soit privilégiée par l'État. Consacrer et soutenir légalement une doctrine quelconque, c'est mettre un obstacle puissant au libre avènement de la foi régénératrice. C'est ce qui arrive malheureusement en France, où l'État maintient avec ses subsides plusieurs

(1) Une mesure capitale à cet égard, c'est de délivrer toutes les affiches non commerciales de l'entrave onéreuse du timbre. Cela facilitera les libres communications entre le public et les vrais défenseurs de ses intérêts. L'état actuel des choses constitue un injuste privilège en faveur du journalisme, un des principaux foyers de l'anarchie moderne, au maintien de laquelle il est profondément intéressé, et qui, dans sa presque totalité, n'est qu'un instrument de la richesse et de la bourgeoisie.

Églises, préside à tout un système d'éducation et soutient des établissements et des compagnies littéraires ou scientifiques, foyers d'autant de doctrines arriérées ou perturbatrices. Pour que la liberté théorique y soit un fait réel, comme le réclament les conditions de l'évolution sociale, il faut donc y supprimer toute religion d'État, tout enseignement supérieur et secondaire d'État, et toute science d'État, en abolissant leurs trois budgets respectifs, le budget cultuel ou ecclésiastique, le budget universitaire et le budget académique.

Ce n'est pas aux hommes d'État qu'il appartient de fonder la doctrine appelée à réorganiser la société ni de décider laquelle d'entre toutes est en aptitude de remplir cette noble mission. Chargés de maintenir l'ordre matériel, toujours préoccupés de l'action politique immédiate, ils ne peuvent pas remplir les difficiles conditions nécessaires à ces graves décisions de l'ordre spirituel. Celles-ci sont l'apanage naturel des hommes qui dévouent leur existence aux études intellectuelles et morales, et forment l'attribution naturelle des philosophes ou du pouvoir spirituel. C'est par une libre entente entre celui-ci et le public, par les enseignements du premier et la confiance et l'appui matériel accordés par le second, que doit s'établir l'ascendant graduel de la véritable doctrine sociale. Et si l'État ne peut ni ne doit protéger la vraie foi de l'avenir, il est tenu plus étroitement encore à ne pas appuyer et consacrer des doctrines évidemment rétrogrades ou anarchiques, comme celles du catholicisme, de la métaphysique universitaire et du matérialisme académique.

Cette complète abstention du gouvernement politique de toute ingérence dans le domaine théorique, outre qu'elle seule peut permettre le libre essor de la foi régénératrice, annoncera et préparera un des caractères fondamentaux de la vie finale de l'Humanité, la complète séparation et indépendance du pouvoir spirituel et du pouvoir temporel. La civilisation théocratique les avait confondus, et là est la principale source de son immobilité et de sa dégénération ultérieure. Le moyen âge tenta dignement leur séparation, mais, après quelques siècles d'un équilibre instable, flottant entre la théocratie et l'empire, la décadence du catholicisme tendit à reproduire leur antique confusion au profit du pouvoir temporel. C'est ainsi que, depuis la fin du moyen âge, la dictature monarchique prit de plus en plus un caractère théocratique, en dominant le pouvoir spirituel et en absorbant ses attributions, la principale de toutes surtout, la direction suprême de l'éducation nationale. Tant que le moment de remplacer l'ancien régime n'était pas encore venu, cette situation était supportable et même progressive, car elle empêchait l'intolérance rétrograde de la doctrine catholique et favorisait le développement des éléments du régime final. Mais une fois que la régénération mentale et morale, sous l'ascendant d'une nouvelle doctrine, est à l'ordre du jour, ce caractère théocratique du gouvernement est devenu éminemment perturbateur, oppressif et opposé à la marche progressive de la sociabilité française. Il autorise et défend un pernicieux mensonge : qu'il existe une religion nationale, une éducation nationale, lorsque nous savons que cette religion n'est plus la croyance d'une grande partie de la France, que cette éducation est un amas hybride des vieilles doctrines théologiques et métaphysiques et des fragments incomplets et souvent faux de la science, et qu'elle ne s'adresse pas, comme cela devrait être, à la grande masse sociale, au prolétariat. Mensonge d'autant plus dangereux et rétrograde qu'il s'agit justement aujourd'hui de faire surgir et prédominer la foi démontrable sur laquelle doit se fonder la véritable éducation nationale, c'est-à-dire un enseignement qui, comprenant toutes les sciences, depuis la mathématique jusqu'à la morale, se terminera en signalant à tous les citoyens leurs devoirs respectifs, d'après les diverses fonctions qu'ils sont appelés à remplir dans la société.

Pour que la dictature républicaine perde enfin ce funeste caractère rétrograde que lui a légué la dictature monarchique, il faut qu'elle se dessaisisse au plus tôt de ses attributions spirituelles, en supprimant le triple budget théorique. Ainsi, elle renversera le principal obstacle à la régénération moderne, et elle jettera le fondement essentiel de la politique de l'avenir, la pleine séparation du spirituel et du temporel, condition de la dignité humaine et base de tout progrès. Le pouvoir temporel ne doit commander qu'aux actes. Les doctrines, les opinions, la foi, sont du domaine de la conscience et doivent être laissées à la libre acceptation de chacun; et, précisément, la force destinée à surveiller et moraliser le gouvernement politique ne peut reposer que sur une doctrine établie indépendamment de lui et librement acceptée par la population.

Cette suppression du budget théorique est d'une importance si capitale que nous croyons convenable de reproduire ici les pages mêmes de la *Politique positive*, où Auguste Comte l'a conseillée il y a plus de trente ans. On trouvera là les mesures à prendre pour que cette réforme soit faite avec tous les égards dus aux situations personnelles.

« Après avoir ainsi constitué la pleine liberté d'exposition et de discussion, non en vertu d'un droit anarchique, mais comme garantie d'ordre et moyen de régénération, il faut la compléter par l'entière abolition du budget théorique, théologique, métaphysique et scientifique. La dictature temporelle ayant abandonné toute prétention à la suprématie spirituelle, afin de mieux développer son office matériel, elle doit toujours livrer la réorganisation des opinions et des mœurs à la libre concurrence des doctrines capables de l'accomplir. Quand une telle épreuve aura suffisamment démontré la supériorité morale et mentale de la religion positive, on lui confiera régulièrement l'éducation universelle, sans pourtant rétablir jamais un monopole oppressif, comme je l'ai spécialement expliqué. Jusqu'alors, son clergé doit uniquement subsister, suivant l'exemple de son fondateur, d'après les libres cotisations de ses adhérents privés. Il importe même que cette initiation se prolonge pendant toute la durée de la transition organique, d'abord occidentale, puis universelle, afin de mieux assurer l'indépendance et la dignité du sacerdoce régénérateur, ainsi respecté des riches et chéri des pauvres. Mais, en appliquant cette règle à la doctrine qui doit terminer la révolution moderne, il faut l'étendre à celles dont l'impuissance et le vice suscitèrent et dénaturèrent la crise finale. Sans une telle équité, la dictature conserverait le caractère à la fois anarchique et rétrograde inhérent à sa constitution empirique, que le positivisme peut seul transformer.

« Ébauchée par les dantoniens, l'abolition générale du budget théorique doit être maintenant accomplie, non à titre d'économie, mais comme résultat et condition, avec tous les égards convenables envers les personnes quelconques. Les prêtres ou professeurs qui, parvenus à la pleine maturité, ne peuvent plus changer de carrière, conserveront un traitement public que les subsides privés remplaceraient rarement. Il faut faciliter aux autres l'accès d'une meilleure situation, en prolongeant, pendant sept ans, leurs salaires actuels, sauf les cas exceptionnels d'indignité personnelle ou d'office abusif. Dans une telle mesure, la dictature doit seulement avoir en vue d'écarter toute consécration nationale envers un enseignement anarchique ou rétrograde, auquel l'ensemble du passé ne permet pas de livrer l'avenir. Cette condition exige que les corporations correspondantes, théologique, métaphysique, et même scientifique, perdent tout caractère officiel, mais sans être aucunement troublées dans leur participation spéciale à l'autorisation universelle des réunions quelconques.

« Si le catholicisme avait réellement conservé l'ascendant qu'il s'attribue, une telle situation lui permettrait de le développer, en prouvant que son influence apparente n'est point due à la protection légale qu'il a, depuis longtemps, coutume d'invoquer contre toute difficulté. Quelques-uns de ses défenseurs, même ecclésiastiques, ont, en effet, proposé son émancipation temporelle comme un moyen de régénération spirituelle, suivant la confiance qu'inspire toute doctrine jugée capable de dominer les esprits et les cœurs. Mais le clergé chrétien a mal accueilli ces illusions personnelles et passagères, parce qu'il sent profondément sa décadence intellectuelle et sociale. La religion, qui laissa surgir la révolution occidentale, ne saurait être invoquée pour la terminer, sauf comme moyen provisoire de protester contre l'anarchie, jusqu'à l'avènement d'une doctrine vraiment organique. Depuis sa restauration officielle, le catholicisme triomphant a, malgré ses immenses ressources, discipliné moins d'anarchistes que le positivisme naissant. Autant la suprématie spirituelle échappe aux interdictions temporelles, autant il est impossible de jamais rétablir l'autorité qui doit instituer toutes les autres. Voilà pourquoi les prêtres clairvoyants regardent la suppression du budget théologique comme devant bientôt réduire au quart leur corporation actuelle, outre que cette mesure détruira la discipline ecclésiastique, devenue essentiellement matérielle.

« Mais, en acceptant dignement une telle fatalité, les derniers débris du sacerdoce propre au moyen âge peuvent encore conserver une noble attitude, et même une utilité réelle. La suppression nécessaire sera toujours préservée des rancunes, athées ou déistes, qui l'inspirèrent à nos précurseurs révolutionnaires. Le positivisme doit développer, envers le catholicisme expirant, les dispositions, non d'un envieux rival, mais d'un digne héritier, qui, pour maintenir la loi de continuité sur laquelle il fonde l'ensemble de ses titres, a besoin d'être sanctionné par son prédécesseur. Je n'hésite point à confirmer ici l'engagement personnel que je proclamai devant mon auditoire public, de fournir au subside catholique une cotisation annuelle de cent francs, quand j'aurai déterminé la dictature à supprimer le budget correspondant. En imitant cet exemple, les vrais positivistes m'aideront à protéger les représentants de la spiritualité provisoire contre l'oppression révolutionnaire suscitée par l'envie métaphysique. C'est peut-être ainsi que je serai d'abord introduit dans le temple de la Vierge-Mère, pour obtenir, au nom de l'Humanité, la respectueuse tolérance que Dieu ne peut plus imposer aux sceptiques envers ses dignes interprètes. Il importe au positivisme d'encourager partout une culture morale dont le mode le plus arriéré reste aujourd'hui préférable à l'entière désuétude, même chez les Occidentaux les mieux émancipés.

. . . .

« La restauration officielle de l'Université fut la principale faute du dictateur militaire, parce que les corporations métaphysiques, quoique moins onéreuses, sont plus nuisibles et moins discréditées qu'aucun clergé. Malgré leur bruyante influence, une dictature énergique peut aujourd'hui supprimer leur budget, sans susciter aucune résistance en faveur d'une institution abrutissante et corruptrice. D'après l'ensemble du passé moderne, cette abolition devient la suite et le complément de celle du régime parlementaire, qui se recrutait, comme le journalisme, au sein des collèges, berceau continu des agitateurs philosophiques et politiques (1).

« Ne satisfaisant aucun besoin profond, l'Université française peut moins se passer qu'aucun clergé de la protection légale, que les libres sympathies ne sauraient aujourd'hui remplacer. Elle perdra toute existence collective avec son budget et son monopole, malgré l'attrait que semble encore inspirer l'étude des mots et des entités. Quant aux écoles spéciales, elles pourraient toutes disparaître aujourd'hui, sauf les écoles vétérinaires, sans compromettre réellement aucun service public ou privé. J'indiquerai ci-dessous comment la seconde phase de la transition organique doit les remplacer pour consolider et développer les germes de rénovation qu'elles contiennent envers l'éducation générale, et d'où résulta toujours leur principale utilité. Mais il importe que la liberté d'enseignement se manifeste par l'essor des entreprises privées, où la dictature n'exercera jamais qu'une surveillance morale, confiée à la police, plus éclairée et moins oppressive que la justice. Les cloîtres scolastiques, toujours funestes sous leurs divers modes, ne sauraient s'éteindre avant la fin de la transition occidentale, qui seule fera partout prévaloir l'éducation domestique sur l'instruction publique. Cependant, sans entraver aucunement les ins-

(1) Il va sans dire que la suppression de l'Université et des écoles spéciales entraîne avec elle l'abolition de tous les diplômes et de tous les monopoles professionaux accordés par l'État aux médecins, avocats, professeurs, etc. L'État ouvrira des libres concours pour toutes les fonctions dont il a besoin. (J. L.).

tituts pédagogiques, le gouvernement ne doit jamais encourager un usage qui manifeste et développe l'incurie des familles modernes envers le premier de leurs devoirs.

« Outre la substitution, ci-dessous expliquée, de l'école positive à l'ensemble des écoles spéciales, la dictature française préparera la régénération sacerdotale de l'éducation universelle en étendant et perfectionnant l'instruction primaire. Autant délivrée des puérilités littéraires et métaphysiques que de tout alliage théologique, cette préparation deviendra purement théorique, esthétique, et surtout morale, d'après un essor simultané du calcul, du chant et du dessin, avec la lecture et l'écriture. Mais l'universelle propagation d'un tel préambule ne doit aucunement préserver la corporation correspondante de la suppression générale des compagnies pédagogiques, dont elle offre le pire degré, mental et social, en se vouant au plus vain des trois éléments classiques. C'est là surtout qu'il importe de développer la liberté d'enseignement, en instituant, pour les maîtres publiquement salariés, de dignes concours, principalement alimentés par les prolétaires déclassés. En procurant à cet office toute l'extension et la sécurité convenables, on avertira qu'il reste provisoire, comme usurpant une fonction normalement destinée aux mères, qui pourront la remplir à la fin de la transition occidentale.

« Je dois maintenant caractériser le complément de la suppression du budget théorique, en appréciant l'abolition nécessaire des subsides et compagnies scientifiques, dont la dictature dantonienne nous avait dignement délivrés. Quoique cette partie de la triple rétrogradation soit moins onéreuse que les précédentes, elle a réellement entravé davantage la régénération occidentale, en corrompant directement sa source intellectuelle. Ni le clergé, ni même l'Université, ne font autant que l'Institut, et surtout l'Académie des sciences, dévier la jeunesse française des dispositions synthétiques et sympathiques, qu'exige sa mission actuelle.

« Il suffit de considérer l'ensemble du mouvement théorique pendant la première moitié du XIXe siècle pour reconnaître combien il fut altéré par une corporation aussi rétrograde qu'anarchique, envers laquelle je renvoie à mon traité fondamental (*Système de Philosophie positive*). Quand Danton l'abolit, elle venait de perdre, d'après l'avènement de la chimie, son utilité passagère, nécessairement bornée à l'essor décisif de la cosmologie, et surtout au développement de la mécanique céleste. Depuis sa restauration, son caractère, empiriquement analytique, a profondément vicié le génie, normalement synthétique, de la biologie, forcée de surgir hors du sanctuaire officiel, où Bichat, Broussais et Gall ne furent jamais admis. La dégénération académique serait assez manifestée par le schisme qu'exigea l'organe d'où procédait le principal crédit d'une compagnie obligée d'instituer deux demi-Fontenelles, faute de comporter un Condorcet. Si la dictature eût été plus clairvoyante, elle aurait atténué les ravages intellectuels et moraux de cette corporation en protégeant la rivale que les médecins lui firent ériger, quoique la suppression de toutes deux offrît moins d'embarras et plus d'avantages. Une expérience décisive ne permet pas d'hésiter aujourd'hui sur l'irrévocable extinction de ces émeutes permanentes des médiocrités contre toute supériorité, pourvu que la dictature, en cessant de salarier les clubs théoriques, leur laisse une pleine liberté. Mais leur abolition nécessaire exige une importante compensation, envers l'assistance matérielle qu'une telle institution procure indirectement à des esprits vraiment recommandables, qui maintenant s'y perdent parmi les nullités qu'ils dissimulent.

« Sans assujettir les artistes, les savants, ni les érudits, à des offices inutiles ou vicieux, introduits surtout pour nourrir leurs premiers titulaires, la transition organique ébauchera l'institution des pensionnaires, en y substituant provisoirement la dictature au pontificat. Fondé par le grand Colbert, sous la noble assistance des frères Perrault, ce mode seconda longtemps, à peu de frais, le digne essor des vrais talents, et dégénéra rarement en protection des médiocrités intrigantes ou serviles. Pour lui procurer tout le développement convenable, je propose d'instituer vingt annuités de douze mille francs, quarante de six mille et quatre-vingts de trois mille. Les dernières seraient d'abord accordées pendant sept ans, sauf à persister jusqu'à la prochaine vacance du second degré, si l'essai n'avait point avorté. Mais les deux autres deviendraient toujours viagères, à moins d'indignité prolongée, et l'avancement ne résulterait que de l'ancienneté, quoique le gouvernement pût directement nommer aux premiers rangs, tant qu'ils resteraient incomplets. En pourvoyant, d'ailleurs, aux frais matériels des travaux esthétiques ou théoriques, on instituerait une protection plus salutaire et moins dispendieuse que celle qui résulte aujourd'hui du régime académique. Quoique les illustrations occidentales doivent y participer avec les vraies célébrités françaises, j'oserais à peine indiquer maintenant vingt noms de la pension principale, même en y comprenant ceux qui n'ont besoin d'aucun secours (1). »

. . . .

Afin de mieux sentir le puissant obstacle que les régimes théologique, universitaire et académique opposent à la marche du progrès social, nous devons observer

(1) *Politique positive*, t. IV, dès la page 384 à la page 392.

qu'ils forment, avec le régime parlementaire, l'asile, le château-fort des débris de l'ancien régime et des classes transitoires de la bourgeoisie. C'est Bonaparte qui, dans sa criminelle tentative de rétrogradation, voulant réunir autour de son trône tout ce qui regardait vers le passé ou s'opposait à l'avenir, restaura ces funestes corporations théologiques, métaphysiques et scientifiques, si judicieusement abolies par la Révolution. Ainsi s'organisa, pour subsister jusqu'à nos jours, cette véritable caste des privilégiés, ce pouvoir spirituel bâtard et monstrueux qui, abandonnant les intérêts de la grande masse sociale, exploite honteusement à son profit les biens spirituels de l'Humanité, et dont la principale préoccupation est de maintenir et multiplier ses bénéfices. C'est à l'aide de cette organisation néfaste que la bourgeoisie prolonge sa domination politique et sociale, empêchant la régénération de la société qui exige sa disparition graduelle, soit parmi les prolétaires, soit parmi les vrais directeurs de l'industrie.

On s'indigne de voir l'État républicain continuer à soutenir une semblable coalition, un pareil système d'enseignement, qui ne sert qu'à écarter la jeunesse française des grands problèmes moraux et sociaux de notre temps, soit en la poussant vers une théologie rétrograde, soit en rétrécissant son cœur et son esprit dans le matérialisme et le spécialisme scientifiques, soit en lui offrant les appâts d'une carrière littéraire aussi inutile que corruptrice. Là est l'aliment perpétuel de l'anarchie mentale et morale de la France; là est le foyer principal de la dissolution croissante de ses mœurs. Contemplez de près cette jeunesse française des écoles, jadis si enthousiaste et généreuse. Elle n'est plus ouverte aux nobles idées morales et sociales; elle n'a aujourd'hui le moindre souci du triste sort du prolétariat, de cette grande régénération sociale que notre temps est chargé de réaliser. La voix d'Auguste Comte, la sainte parole de la Religion de l'Humanité, si propre à satisfaire tout esprit synthétique et à toucher tout cœur jeune et élevé, non encore desséché par l'égoïsme, n'a pas trouvé un seul écho parmi notre nombreuse jeunesse française. Cela suffit pour montrer son déplorable état. Mais ce n'est pas à elle la faute, sinon à l'absurde et pernicieux régime universitaire et académique qu'elle subit, à ces maîtres et à ces savants spécialistes, qui ont fini par éteindre chez elle toute idée générale et toute aspiration généreuse.

La dictature républicaine, gardienne inviolable de l'ordre et du progrès, doit donc mettre terme à cette redoutable et funeste coalition, à cette source permanente d'anarchie et de rétrogradation, en abolissant à jamais le triple budget théorique. Ce n'est qu'ainsi qu'elle prendra enfin une attitude vraiment progressive ; ce n'est qu'ainsi qu'elle se mettra en harmonie avec les besoins essentiels de notre époque, et qu'elle se rendra, en conséquence, éminemment populaire. Si difficile qu'il paraisse à première vue de pouvoir réaliser cette réforme capitale, à cause des résistances qu'elle rencontrera, comme nous l'avons dit, elle deviendra, pour ainsi dire, aisée à une dictature suffisamment énergique, et cela par plusieurs raisons.

D'abord, l'abolition du parlementarisme aura ôté au régime bourgeois sa principale puissance, sa puissance politique. Il ne lui restera, pour défendre ses privilèges, que faire un appel à l'opinion publique, où il est condamné d'avance. En second lieu, d'après la marche des évènements, la dictature initiera cette réforme par la partie qui en est la plus réclamée par le parti progressiste, la suppression du budget des cultes, qui revient à ce qu'on appelle vulgairement la séparation des Églises et de l'État. Quoique le parlementarisme ait toujours ajourné cette mesure si opportune, comprenant qu'une telle abolition entraînerait nécessairement celle des deux autres parties du budget théorique, la dictature ne rencontrera la moindre difficulté à la réaliser. Mais le clergé, une fois réduit à sa seule fonction morale, sans autre soutien que celui de ses vrais fidèles, travaillera alors de toutes ses forces pour obtenir l'entière liberté spirituelle par la suppression des deux autres budgets universitaire et académique. Simple défenseur d'une foi qu'il croit encore destinée à faire le bonheur du genre humain et à reconquérir son antique ascendant, il est profondément intéressé à ce que la compétition entre les différentes doctrines soit établie sur le même pied d'égalité, et à ce qu'on enlève, par conséquent, leurs injustes privilèges aux doctrines corruptrices de la métaphysique et du matérialisme scientifique. Voilà comment la dictature républicaine trouvera un puissant auxiliaire dans l'ensemble du parti catholique, pour réaliser la partie de cette réforme qui rencontrera le plus de résistance ; car, quoique les classes des lettrés et des savants soient les pires obstacles à l'incorporation du prolétariat à la société moderne, elles conservent encore, à cause des préjugés révolutionnaires, un certain prestige dans la masse populaire.

Mais ce prestige est même plus apparent que réel, et il se faudra de bien peu pour faire voir au bon sens populaire combien les régimes universitaire et académique s'opposent à la solution des grandes questions sociales. Quelles sympathies réelles peuvent, en effet, éveiller dans le prolétariat un système d'enseignement destiné nécessairement à la bourgeoisie, et tous ces diplômes et privilèges des carrières, dites libérales, qui ne servent qu'à faire pulluler tant de membres inutiles et perturbateurs de la société? De même, à la moindre réflexion, à la moindre observation des faits, on restera bientôt convaincu que le régime académique n'est propre qu'à détourner la science et la littérature de leur vraie destination actuelle : l'amélioration morale et sociale du sort du prolétariat.

La dictature peut donc compter avec l'irrésistible appui du prolétariat pour instituer le plus important complément de la liberté spirituelle : la suppression des budgets universitaire et académique.

Ayant complété ainsi la liberté théorique, la dictature républicaine se trouvera enfin revêtue du caractère purement temporel que réclame notre époque de transformation mentale et morale. Dégagée dès lors de ses anciennes attributions spirituelles, aussi perturbatrices qu'oppressives, elle pourra concentrer toute son activité et toute son énergie à maintenir l'ordre matériel, à établir une stricte économie dans les dépenses administratives, à poursuivre les grands travaux d'utilité publique, et à assister sagement le développement industriel.

Cette complète renonciation du gouvernement à intervenir dans l'ordre spirituel amènera encore d'autres bienfaits politiques et sociaux. Elle sera un gage de stabilité pour ce même gouvernement, car une des sources les plus fécondes de ses perturbations réside dans l'habitude que l'on a d'attendre et d'exiger de lui la solution des questions sociales, la guérison de toutes les plaies de la société. Son caractère purement temporel répondra d'avance à toutes les récriminations qu'on puisse lui faire à ce sujet. Et les hommes d'État pourront justement répliquer que c'est à l'ordre spirituel, indépendant d'eux, à l'empire de l'opinion publique, à faire prévaloir et respecter les principes moraux et sociaux destinés à guérir les souffrances de la société. On cessera graduellement de demander aux lois, aux règlements politiques, ce qui appartient au domaine des convictions et des mœurs, ce qui ne peut être réglé que par l'ascendant d'une foi commune. Ainsi l'ordre gouvernemental se verra délivré sous peu de tous ces ambitieux perturbateurs, de tous ces purs déclamateurs, qui trouvent encore aujourd'hui l'appui du public en lui faisant l'illusoire promesse qu'ils vont résoudre toutes les questions sociales en arrivant au pouvoir.

Le public, bien renseigné sur la vraie portée des réformes légales, s'abstiendra d'entretenir une vaine agitation politique favorable aux parleurs, aux intrigants et à un déplorable journalisme, et qui n'aboutit, en somme, qu'à un perpétuel et dangereux changement dans le personnel gouvernemental. Mais, par une heureuse compensation, il tournera alors de plus en plus son attention vers la rénovation des idées, vers l'élaboration des nouvelles mœurs, vers l'établissement, en un mot, de la *religion démontrable,* qui doit *régler* et *rallier* les hommes dans la vie finale de l'Humanité. Il n'exigera désormais du gouvernement que les conditions de paix et de liberté nécessaires à cette grande régénération sociale.

L'ensemble des considérations que nous venons de faire suffit à démontrer la nécessité du caractère purement temporel de la dictature républicaine. Il est la condition de son existence, de sa durée et de sa force. Sans lui point d'ordre ni de progrès possibles dans la société française.

CONCLUSION

Grâce aux doctrines politiques d'Auguste Comte, les vrais républicains peuvent et doivent devenir de vrais conservateurs, comme les vrais conservateurs peuvent et doivent devenir de vrais républicains. Ces deux titres, dont l'un représente l'ordre et l'autre le progrès, sont désormais inséparables et synonymes pour tout esprit au niveau de son siècle. Le Positivisme a, en effet, démontré que toujours et partout *le progrès n'est que le développement de l'ordre*, et qu'il ne peut pas y avoir d'ordre sans progrès ni de progrès sans ordre. En dehors de cette heureuse conciliation, il n'y a de place que pour l'anarchie et la rétrogradation.

Ce double besoin de toute société est pleinement satisfait, en ce qui dépend du domaine politique, par la combinaison irrévocable de l'état dictatorial avec l'état républicain, le premier assurant l'ordre d'après l'autorité, le second garantissant le progrès d'après la liberté. A vous donc, républicains et conservateurs sincères, de faire surgir, par vos efforts réunis, cette dictature véritablement républicaine, qui mettra fin à la grande crise qui agite et déchire la France depuis un siècle. Sa nécessité et ses conditions, imposées par les antécédents historiques et par les besoins sociaux, vous sont maintenant connues, et vous le seront mieux encore, si vous avez recours, comme c'est votre devoir, à l'étude des immortels ouvrages du Fondateur du Positivisme, de son *Système de Politique positive*, et surtout de son *Appel aux Conservateurs*, qui vous a été particulièrement destiné. Il ne vous reste donc désormais aucun motif raisonnable, aucune excuse admissible, pour laisser d'accomplir votre devoir de donner à la France le seul gouvernement qui lui convient.

Le moment actuel est grave, solennel et plein de responsabilités pour vous tous, hommes d'État qui dites et croyez être de vrais républicains. Nous sommes à la veille ou d'une crise salutaire amenant, avec la dictature républicaine, une paix intérieure définitive, ou d'une crise des plus redoutables que la France ait éprouvées jusqu'ici. Si, par un malheur à jamais déplorable, les sophismes et les agissements parlementaires de la bourgeoisie, exploitant de vieux préjugés révolutionnaires, réussissaient à arrêter pour le moment le grand courant dictatorial qui se dessine de plus en plus dans l'horizon de la politique française, vous auriez montré une fois de plus, ô républicains, votre impuissance à constituer un vrai gouvernement; une terrible anarchie s'ensuivrait, et le pouvoir échapperait de vos mains, pour passer, d'après les besoins de l'ordre, entre les mains des réactionnaires. Vous auriez amené de la sorte, au lieu d'une dictature directement républicaine et progressive, une dictature à tendances monarchiques et rétrogrades, qui ne ferait que provoquer inévitablement une nouvelle crise révolutionnaire. Ainsi se prolongerait, par votre seule faute, cette fatale oscillation entre l'anarchie et la rétrogradation où la France se trouve placée depuis 1789, et d'où elle ne pourra sortir que jusqu'à ce qu'abandonnant vos vieux préjugés métaphysiques et vous inspirant des doctrines politiques du Positivisme, vous ayez franchement adopté la forme dictatoriale, comme la seule convenable au gouvernement de la République française.

Et n'oubliez pas, ô mes frères républicains, que votre responsabilité devient d'autant plus grave que les nouvelles crises seront, sans nul doute, plus redoutables que jamais, car, derrière elles, on voit surgir et s'avancer, avec une force inconnue jusqu'ici, les justes réclamations du prolétariat, mêlées naturellement à d'inévitables erreurs et à des haines violentes et implacables. La politique se trouvera mêlée des plus difficiles questions sociales. Ces aspirations régénératrices, ces importants problèmes qui, avec l'ordre public et la liberté spirituelle pleinement assurés par la dictature républicaine, s'achemineraient paisiblement, sous l'ascendant du Positivisme, vers ses véritables et pacifiques solutions, prendront alors, par votre aveuglement, une vicieuse et fatale direction, en cherchant à règler par les lois et par la force ce qui ne doit ni ne peut être réglé que par les croyances, les mœurs et la juste pression morale de l'opinion publique. Nous tomberons ainsi dans une complète anarchie, et nous verrons se succéder dans la sphère politique les funestes essais de toutes ces utopies sociales, aussi absurdes que subversives et tyranniques, que des docteurs incompétents, desquels Auguste Comte a si bien dit qu'ils tranchent en sociologie sans savoir l'arithmétique, ont proposées pour porter remède aux souffrances du prolétariat.

Devant cet imminent danger, devant les catastrophes inévitables qu'amènera le manque d'un vrai gouvernement républicain, ferme et stable, abandonnez à jamais, ô républicains sincères, un parlementarisme condamné à la fois par la théorie et par les faits, et ralliez-vous de toutes vos forces à la dictature conseillée par la science sociale et réclamée instinctivement par une grande partie de la population française. Montrez que sous ce titre sacré de républicain ne s'enferme pas une vaine ambition politique, mais une noble aspiration à réaliser la plus grande somme du bonheur public. A la veille de célébrer le premier centenaire de la grande Révolution, rendez-vous dignes de regarder face à face les ombres vénérables de vos meilleurs pères de 1789, en inaugurant le seul régime politique qui permettra la régénération sociale de la France et de tout le genre humain, objet constant de leurs plus ardentes et généreuses aspirations. C'est ainsi que vous honorerez dignement leur mémoire, c'est ainsi que vous pourrez vous proclamer les vrais héritiers et continuateurs de ceux qui ne détruisirent les institutions du Passé que dans le noble désir de construire les institutions de l'Avenir.

Et vous, ô mes frères prolétaires, jusqu'à quand vous laisserez-vous éblouir par les trompeuses apparences républicaines du régime parlementaire, par toutes ces promesses de réformes jamais accomplies, par tous ces pompeux discours qui n'aboutissent à rien, par toutes ces bruyantes et perpétuelles discussions qui s'agitent dans le vide? Ne voyez-vous pas que cette stérile agitation politique, que toute cette fumée parlementaire, rendue à dessein le plus épaisse possible, ne servent qu'à prolonger le règne de la bourgeoisie, qu'à détourner votre attention des questions qui vous intéressent le plus, qu'à dissimuler et cacher les questions et les plaies sociales, et à retarder leurs solutions et leurs remèdes? Il est temps donc d'apporter votre irrésistible concours aux hommes d'État qui vous délivreront du régime le plus opposé à votre salut. Venez prêter votre aide puissante à l'avènement de la dictature républicaine, qui, en établissant la tranquillité publique et la pleine liberté spirituelle, vous permettra d'obliger tous les citoyens à diriger leurs regards et leurs efforts vers l'accomplissement du grand devoir de notre époque, celui de vous incorporer à notre société, de vous y assurer une situation matérielle et morale qui vous rendront aptes à remplir dignement vos fonctions sociales, tant spéciales que générales.

O peuple français ! j'en appelle à votre bon sens traditionnel ; il n'est pas possible que les beaux parleurs et les fins lettrés du parlementarisme continuent à vous donner le change en vous flattant et en vous décorant d'une vaine et prétendue souveraineté. Celle-ci, comme le nom l'indique, marque le caractère de la puissance et de l'autorité politiques du vrai gouvernement, qui ne vous a jamais appartenu de fait, et qui ne doit ni ne peut vous appartenir. *Le peuple gouvernant et souverain* est un pur contre-sens ; cela indiquerait simplement l'absence de tout gouvernement dans une nation, ce qui ne peut pas être, car, suivant une loi sociologique, *il n'y a pas de société sans gouvernement*. L'existence de celui-ci est indépendante de toute volonté populaire ; elle dépend d'une loi naturelle aussi certaine comme qu'il n'y a pas de famille sans chef, de vaisseau sans capitaine, d'armée sans général, d'organisme humain sans un système nerveux qui centralise et dirige tous ses phénomènes.

Ce qui doit vous appartenir, ô travailleurs ! ce qu'il vous importe de rendre efficace, c'est votre précieux office général de contrôle et de surveillance du pouvoir politique. C'est vous qui devez former principalement la force indispensable et irrésistible de l'opinion publique. Destinés nécessairement à être des gouvernés et non pas des gouvernants, ce qu'il vous faut prendre à cœur, c'est que la puissance politique s'exerce dans l'intérêt du bien public, qui comprend surtout votre propre félicité. Eh bien ! j'ai démontré, à satiété, que la dictature républicaine est le seul gouvernement favorable à votre régénération, à votre incorporation sociale, et le seul que vous puissiez surveiller réellement et rendre responsable de ses actes. Des caractères diamétralement opposés distinguent le régime parlementaire, de par sa nature aussi anti-social qu'irresponsable.

Mais qu'est-il besoin d'insister plus longtemps sur de si évidentes vérités? Au fond des consciences populaires, le parlementarisme est déjà irrévocablement condamné. La population n'attend, pour se prononcer, que le grand homme d'État capable de la délivrer de ce funeste régime et de constituer solidement un nouvel ordre de choses. Jamais époque, jamais pays n'a réclamé si instamment que la France actuelle l'existence d'une personnalité politique vraiment supérieure. Et l'histoire nous apprend que, si ce n'est malheureusement toujours, le plus souvent, les besoins prolongés, soit politiques, soit intellectuels ou moraux, d'une situation sociale, finissent par faire surgir l'homme nécessaire. C'est ainsi que nous voyons apparaître, dans la succession des siècles, les grandes figures de César, Charlemagne, Louis XI, Richelieu, Cromwell, Frédéric et Danton, dans l'ordre politique; de Moïse, Homère, Archimède, saint Paul, Mahomet, Dante, Descartes, Leibnitz, Bichat, Gall et Auguste Comte, dans l'ordre intellectuel, poétique et religieux.

Je ne sais pas, quoique tout me porte à le croire et à l'espérer, si le général Boulanger, que je n'ai pas l'honneur de connaître personnellement, possède les éminentes qualités de cœur, d'esprit et de caractère qu'exige la fondation de la véritable dictature républicaine. Mais ce que je puis affirmer, c'est que les aspirations et les tendances qu'il représente, que le mouvement qu'il personnifie, répondent aux besoins les plus profonds de la situation française. Là est l'acheminement du parti républicain vers les saines et fécondes doctrines politiques, là est la voie du salut de la République et du bonheur de la France. Éliminer le parlementarisme, et marcher vers la constitution d'un pouvoir central, stable et puissant, capable de consolider l'ordre et de garantir le progrès, voilà la double et sublime tâche actuelle qui doit rallier autour du général Boulanger tous les hommes de bonne volonté, tous les vrais patriotes, tous les vrais républicains de France. S'il ne réalisait pas les espérances que nous fondons sur lui, un autre mieux apte saurait prendre sa place dans la direction du mouvement républicain qu'il a si heureusement initié.

O France, ma seconde patrie, la patrie commune de tous ceux qui sentent battre dans leur poitrine un cœur embrasé de l'amour de l'Humanité! puissent tous tes enfants, tous tes fidèles serviteurs, tous tes hommes d'État, réunir leurs efforts pour te donner, avec la dictature républicaine, le calme et la liberté dont tu as tant besoin pour reprendre ta glorieuse mission séculaire de marcher à la tête des destinées humaines. Tranquille et libre à l'intérieur, respectée à l'extérieur, tu sauras alors reconnaître et embrasser la doctrine régénératrice, la foi démontrable, fondée par celui qui fut en même temps le plus grand de tes enfants et le plus grand serviteur de notre espèce. Régénérée et agrandie par elle, tu porteras ensuite, par la parole et par l'exemple, cette lumière rédemptrice à toutes les nations de la Terre, afin de substituer partout au règne provisoire de Dieu, depuis longtemps épuisé, le règne éternel de l'Humanité. Ta grande capitale deviendra, dès lors, la métropole religieuse de la planète entière, la ville sainte où tous les peuples viendront fraterniser dans une pleine communauté d'amour, de foi et d'espérance, réalisant ainsi l'unité finale du genre humain.

APPENDICE

AVERTISSEMENTS NÉCESSAIRES

Je dois rappeler au lecteur que, dans les pages précédentes, je n'ai fait qu'ébaucher la théorie d'Auguste Comte sur la politique propre à la transition actuelle. Pour avoir plus de renseignements sur cet important sujet, il faut nécessairement recourir au cinquième chapitre du dernier volume de sa *Politique Positive* et à son *Appel aux Conservateurs*. Mon but essentiel était d'indiquer la nécessité d'une dictature vraiment républicaine. Tant que celle-ci ne sera pas solidement établie, tous les conseils du Positivisme sur sa marche et ses modifications ultérieures n'auront pas une si pressante opportunité.

*
* *

Un avertissement plus nécessaire encore. Disciple fidèle d'Auguste Comte, je dois prévenir le public contre les faux représentants de notre doctrine, contre ceux qui, tout en se décorant du titre sacré de *positivistes*, n'en sont pas moins les pires ennemis du Positivisme. Je tiens à me dégager de toute solidarité avec eux, et à empêcher que, par leur conduite si opposée à nos principes et par leurs sophistications, ils ne continuent à écarter le public de notre grande doctrine.

Depuis la fondation du Positivisme, deux déviations capitales se sont produites dans son sein, qui ont contribué beaucoup à arrêter son ascendant si indispensable à la solution de tous les grands problèmes politiques et sociaux de notre époque Nous les appelons, d'après le nom de leurs chefs, le *littréisme* et le *laffittisme*.

L'érudit qui dirigea la première révolte contre la Religion de l'Humanité renia tous les principes et les applications sociales de celle-ci, après avoir été leur premier propagateur public en France. Il continua cependant à se dire un adhérent du Positivisme, tout en présentant celui-ci comme une pure philosophie et en convertissant ainsi la plus grande des religions dans un simple thème de dissertations philosophiques sans aucune efficacité morale et sociale. Sa conduite fut d'accord avec son apostasie ; il appartint à deux Académies et se laissa porter au Sénat. Il se rallia donc entièrement au système de résistance bourgeoise contre la régénération sociale, à l'académisme et au parlementarisme, à tout ce que le Positivisme conseille d'éliminer immédiatement comme étant le principal obstacle de notre marche vers l'avenir.

Mais il n'est pas besoin d'insister plus longtemps sur le littréisme. Il fut enterré, ainsi que sa revue, avec son auteur.

La seconde révolte, personnifiée dans M. Pierre Laffitte, le conférencier de la Sorbonne, est beaucoup plus dangereuse, et elle dure encore. Ici, on peut tromper le public, car on y fait semblant d'accepter tous les principes de notre religion. Il faut être au courant de notre doctrine, avoir lu les œuvres d'Auguste Comte, pour reconnaître que le laffitisme altère et renie le Positivisme, non seulement dans ses applications pratiques, mais aussi dans ses fondements théoriques. Ce n'est pas ici le lieu de montrer cela en détail, ce qui, du reste, a été déjà fait (1). Qu'il me suffise de signaler la déviation laffittiste par rapport au sujet que je viens de traiter dans mon opuscule. Cela mettra tout lecteur intelligent de ce dernier en aptitude d'affirmer que les laffittistes ne sont nullement des représentants du Positivisme.

Voilà près de vingt ans que l'on peut sans danger manifester, en France, des opinions politiques, sociales et religieuses quelconques. Eh bien ! pendant cette longue période, le prétendu directeur du Positivisme, M. Pierre Laffitte, n'est jamais intervenu dans les évènements politiques ou sociaux pour montrer les grandes solutions de notre doctrine. Jamais un mot contre le régime parlementaire, jamais un mot en faveur de la dictature,

(1) Lire à ce sujet : *Positivisme des derniers temps* et la *Circulaire exceptionnelle* de M. le docteur Audiffrent ; les *Rapports de l'Apostolat positiviste*, par M Lemos ; la *Philosophie chimique* de M. Mendes, et mes *Lettres sur le Positivisme et la mission religieuse de la France.*

jamais un mot pour obtenir la suppression du budget des cultes et des Universités et Académies officielles. Bien pis encore; ce sophiste du Positivisme est devenu l'allié et le docteur de la politique opportuniste, marchant à sa remorque, sophistiquant notre doctrine pour l'adapter à la défense des chefs de l'opportunisme dans les attentats et les fautes de leur politique extérieure et intérieure. Ainsi ce sophiste et ses adhérents se sont transformés dans les auxiliaires de la politique parlementaire et du régime d'oppression spirituelle où nous vivons à cause des privilèges ecclésiastiques, universitaires et académiques. Un exemple caractéristique de cela vient d'être donné par un de leurs coryphées, M. Jean-Baptiste Foucart, qui, contre un précepte exprès de notre doctrine, défendant pour le moment aux positivistes toute participation aux fonctions politiques pour se limiter à une influence purement spirituelle, s'est porté cependant candidat à la députation du département du Nord.

Voilà comment il se fait que le Positivisme, dont ils s'appellent les propagateurs, doit apparaître, devant le Public, et, surtout devant le Prolétariat, comme une doctrine destinée à prolonger le règne de la bourgeoisie, et non pas comme la grande religion propre à régénérer la société et à incorporer à elle les libres travailleurs. Voilà pourquoi aussi je tiens à signaler hautement leur déviation, et à les déclarer énergiquement des traîtres à notre doctrine et à la sainte cause de l'Humanité.

L'intérêt public me le commande. Lorsque le bonheur de la France et du genre humain dépend du triomphe de la Religion de l'Humanité, lorsque le prompt avènement de cette doctrine pourrait racheter tant de larmes, guérir tant de souffrances et épargner tant de sang et tant de victimes, on ne saurait trop s'indigner contre ceux qui l'arrêtent dans sa marche en la dénaturant. Ils méritent la réprobation du Présent et la condamnation de la Postérité. Et il faut avertir le Public pour qu'ils ne puissent continuer à faire tout le mal qu'ils ont fait jusqu'ici.

Je regrette d'avoir à signaler, parmi les adhérents de M. Laffitte, un ouvrier peintre en bâtiments, M. Isidore Finance, qui trahit ainsi la cause du prolétariat auquel il appartient. Nous avions espéré jusqu'ici le voir se dégager de la funeste influence du sophiste et d'une solidarité qui le condamne. Nous avons même fait une tentative pour le pousser à une action vraiment positiviste. Bien qu'elle n'ait pas réussi, je tiens à reproduire quelques extraits de la lettre que je lui adressais, à cette intention, le

19 Moïse 98 (19 janvier 1886), car elle se rapporte justement à l'un des sujets que j'ai traités dans mon opuscule :

« Je viens vous prier, vous et l'honorable Cercle des prolétaires dont vous êtes le Président, de vouloir bien initier une active propagande en faveur de la séparation des Églises et de l'État, et de vous mettre à la tête d'une ligue qui aurait pour but de réaliser cette grande mesure politique, aussi nécessaire qu'utile aux destinées de la France et de l'Humanité.

« Vous savez que la première condition fondamentale de l'avènement du nouveau régime social vers lequel tend l'élite de notre espèce réside dans une pleine séparation du temporel et du spirituel. Elle est la base indispensable de l'édifice de l'avenir, si admirablement tracé par le plus grand des Maîtres, et elle seule pourra permettre à ses disciples et continuateurs de réaliser et d'achever cette merveilleuse construction. Une pleine liberté spirituelle est le passage obligé pour arriver à la solution pacifique de toutes les graves questions qui agitent maintenant la société et qui intéressent surtout, et à un si haut degré, les classes prolétaires.

« Tout observateur attentif doit reconnaître que la principale cause de notre stagnation politique et sociale, que le plus puissant obstacle dans notre marche vers l'avenir, consiste dans cette malheureuse confusion des deux pouvoirs, qui fait maintenir encore une religion d'État, une science d'État, et un enseignement d'État. Les églises officielles, les académies officielles, et l'Université, voilà la triple forteresse où s'asile une bourgeoisie égoïste et dégénérée pour empêcher la juste incorporation du prolétariat à la société moderne. Toute tendance vers le régime nouveau, tout véritable mouvement social se trouve entièrement arrêté par cette vieille organisation spirituelle soutenue par l'État, et qui ne sert depuis longtemps qu'à cacher la nature du mal qui afflige nos sociétés, et à détourner les esprits d'y porter un prompt et efficace remède. Supprimer le triple budget ecclésiastique, académique et universitaire, constitue donc le but primordial de toute saine politique, qui aspire réellement à favoriser la paisible évolution de la société française.

« Je crois inutile d'insister davantage auprès de mes frères positivistes sur l'importance capitale d'une telle mesure politique. Notre Maître vénéré l'a toujours signalée comme la condition première et indispensable de la transition organique qui doit nous conduire au régime normal de l'avenir. Je ne dois vous parler maintenant que du moyen le plus efficace pour réaliser ce vœu fondamental de la politique positive.

« Certes, ce n'est pas de l'initiative parlementaire que nous pouvons attendre la réalisation d'une pareille mesure. Nous savons que les membres du Corps législatif se recrutent surtout parmi les lettrés, parmi ceux qui appartiennent au monde académique et universitaire, Quelques-uns d'entre eux, dans leur antipathie envers l'Église, voudraient la suppression du budget des cultes, mais la plupart la repoussent, pressentant qu'elle amènerait nécessairement la suppression des deux autres budgets, académique et universitaire.

« D'ailleurs, les lettrés du Parlement se sentent flattés d'avoir en leurs mains le pouvoir de diriger les consciences et l'opinion nationale, et ils ne consentiront jamais d'eux-mêmes à se dessaisir d'une pareille attribution, pour se limiter, suivant les préceptes de la *Politique positive*, à n'être que de simples contrôleurs de l'administration financière du pays. Ils sentent bien que la persistance du régime parlementaire ne tient qu'à cette funeste confusion des deux puissances, temporelle et spirituelle, qui accorde encore au gouvernement la direction suprême de l'enseignement et même du culte et de la religion.

« Soyons donc certains que c'est seulement sous le poids irrésistible de l'opinion publique que les chambres se décideront à voter la séparation de l'Église et de l'État. Il faut, en conséquence, agir sur cette opinion, l'éclairer, la réveiller pour ainsi dire, car, au fond, toute la partie active du public français désire déjà cette séparation décisive. Et lorsque je nomme l'opinion publique, je veux parler surtout du prolétariat de vos grandes villes, qui en forme la base fondamentale.

« C'est, en effet, parmi les prolétaires des grands centres de population que l'on peut et que l'on doit former une ligue invincible destinée à demander et à obtenir la séparation de l'Église et de l'État. Seul, le prolétariat est absolument dépourvu de tout intérêt à maintenir un régime d'hypocrisie et d'absurdes privilèges, qui entrave profondément le libre développement de la société française. Il se trouve, au contraire, tout disposé à comprendre que là est la dernière barrière qui empêche sa juste et pacifique incorporation à la société moderne.

« Mais il appartient naturellement aux plus avancés et aux mieux éclairés des prolétaires, à nos frères positivistes, d'initier et de diriger un tel mouvement. C'est à eux de faire un digne et énergique appel aux plus actifs des prolétaires, pour constituer une ligue qui n'aurait d'abord pour but que d'obtenir la suppression du budget des cultes, idée qui peut, la première, rallier l'opinion publique. Mais cette même ligue se maintiendrait après pour atteindre son but final : la suppression de tous les privilèges académiques et universitaires.

« ... L'initiative de ce ralliement de l'opinion appartient, je le répète, aux prolétaires positivistes. Telle est la noble et importante mission que notre Maître leur avait assignée en créant la société positiviste et en mettant à sa tête un digne prolétaire. »

* * *

Après avoir signalé ceux qui ont renié ou faussé le Positivisme, il faut nommer et honorer ceux qui lui sont restés fidèles en France. Nous avons d'abord à rappeler notre regretté confrère, M. le docteur Eugène Sémerie, qui fut un des premiers à flétrir la déviation laffittiste. Il ne cessa depuis, jusqu'à sa mort, de propager les doctrines, surtout politiques, du Positivisme. Nous indiquerons à l'attention du public deux de ses articles qui conservent encore une grande actualité : *Du Gouvernement transitoire qui convient à la situation française actuelle*, et une remarquable *Lettre à M. Clémenceau* sur le même sujet.

Mais le principal défenseur de la doctrine positiviste en France est, sans nul doute, notre éminent confrère, M. le docteur Audiffrent. Dans ses différents ouvrages, il s'est conservé scrupuleusement fidèle aux traditions politiques et religieuses du Positivisme. La pensée du Maître s'est toujours, pour ainsi dire, incarnée en lui.

Nous recommandons à la méditation de tous les hommes d'État sa remarquable brochure : *Paris et la situation*, publiée en 1883, et dont nous désirons voir paraître une deuxième édition, car, en elle, se trouvent traitées avec une admirable profondeur toutes les grandes questions de la politique actuelle.

Nous terminerons ces avertissements en faisant observer à toutes les personnes soucieuses de l'avenir social que c'est aux œuvres d'Auguste Comte qu'elles doivent recourir pour étudier le véritable Positivisme. Alors, elles ne tarderont pas à reconnaître en nous ses vrais défenseurs et à nous aider dans notre grande œuvre de régénération sociale.

Paris. — Typ. A.-M. Beaudelot, 9, place des Vosges.

PUBLICATIONS POSITIVISTES

Que l'on peut obtenir gratuitement en les demandant à M. Jorge LAGARRIGUE, 63, rue Claude-Bernard :

Circulaires annuelles d'Auguste Comte, 1886.

De M. le docteur AUDIFFRENT : *Le Positivisme des derniers temps*, 1880 ; — *Saint Paul et l'Eucharistie*, 1882 ; — *Le Temple de l'Humanité*, 1882 ; — *La Vierge-Mère*, 1885 ; — *Circulaire exceptionnelle*, 1886 ; — *Lettre à M. Miguel Lemos*, 1887.

De M. Miguel LEMOS : *Les Rapports de l'Apostolat positiviste au Brésil pour les années 1884, 1885 et 1886.*

De M. Juan-Enrique LAGARRIGUE : *Lettre aux positivistes français*, 1885.

De M. TEIXEIRA MENDES : *La Philosophie chimique d'après Auguste Comte*, 1887.

De M. Jorge LAGARRIGUE : *L'Espagne et Calderon de la Barca*, 1881 ; — *Le Positivisme et la Vierge-Mère*, 1885 ; — *Lettres sur le Positivisme et sur la Mission religieuse de la France*, 1886 ; — *Circulaire positiviste*, 1887.

De M. le docteur SÉMERIE : *Lettre à M. Clémenceau sur la politique républicaine*, 1879 ; — *Du gouvernement transitoire qui convient à la situation française actuelle*, 1881.

OUVRAGES D'AUGUSTE COMTE

EN VENTE A PARIS, 10, RUE MONSIEUR-LE-PRINCE

Catéchisme positiviste. In-18 . . . . 3 f. 50

Système de politique positive, instituant la Religion de l'Humanité. 4 vol. in-8 . . . . 30 50

Synthèse subjective. In-8 . . . . 9 »

Appel aux Conservateurs. In-8. . . . . 3 »

Son **Testament,** suivi de ses **Prières quotidiennes,** de ses **Confessions annuelles,** et de sa **Correspondance avec Clotilde de Vaux.** In-8. . . . . 10 »

Paris. — Typographie A.-M. BEAUDELOT, 9, place des Vosges.

www.ingramcontent.com/pod-product-compliance
Ingram Content Group UK Ltd.
Pitfield, Milton Keynes, MK11 3LW, UK
UKHW020341250726
13967UKWH00005B/2064

9 782012 890886